中华民族优秀文化积累传承读本

上 册

策　　划	高振宝				
主　　编	李春旺　　张立军				
执行主编	齐孝源				
编　　委 （按音序排列）	曹爱清	常祖新	陈文玲	付燕岭	耿　娟	郭新新
	洪　彦	蒋晓波	李　健	李　丽	李新会	李艳征
	林忠慧	刘凤君	刘玉凤	刘　铮	马　妍	牛建宏
	牛玉玺	齐　静	齐晓菊	孙凤霞	唐　铮	田凤艳
	汪　敏	王　超	王　韬	王新宇	杨小红	于超群
	于虹霞	张　滢	赵　静	赵丽萍	赵胜利	郑虎平
	左玉华					

 语文出版社

·北京·

语、灯谜楹联等，使同学们从小熟读经典文篇语句，既培养了文言书面语语感，又提升了气质，修身养性，指导言行。

三、培植中国心。读本的每章每节，都体现着中华民族的核心价值和对真善美的追求。特别是像"谦辞敬语""老家规""常言俗语""格言警句"等章节，教我们做一个正直向上、好学善思、文明有礼、热爱生活的人，做一个高尚的人，有道德、有品位的人。读本中弘扬的传统美德和当下倡导的"爱国、敬业、诚信、友善"的社会主义核心价值观是完全一致的。科技在发展，社会在进步，但有一点是不变的，就是要在一代代人的心田播下中华优秀文化的种子，让一代代中国人都有一颗中国心。

这套读本是中华优秀文化的启蒙读物。同学们通过阅读、学习，必定能增进对中华优秀文化的了解与热爱，激发民族自豪感；必定能增加文化积累，增强文化自信；必定能对中华文化知其"真"，悟其"善"，得其"美"，由此迈入探寻深邃的中华优秀文化之门。

崔峦

2016 年 6 月 1 日

目 录

第三章　中华民族优秀文化传承·灯谜

第一章

坚守中华民族优秀文化根基

　　作为汉族与众多少数民族凝聚而成的多民族统一体，中华民族在各民族的交往融合中，形成优秀的中华民族传统文化。优秀的传统文化是中华民族凝聚力深刻厚重的思想渊源和持久不竭的文化源泉。优秀传统文化凝聚着中华民族自强不息的精神追求和历久弥新的精神财富，是发展社会主义先进文化的深厚基础，是建设中华民族共有精神家园的重要支撑。要全面认识祖国传统文化，取其精华、去其糟粕，古为今用、推陈出新，坚持保护利用、普及弘扬并重，加强对优秀传统文化思想价值的挖掘和传承，维护民族文化基本元素，使优秀传统文化成为新时代鼓舞人民前进的精神力量。

 **第一节** 中华民族优秀文化积累传承的意义

1. 优秀传统文化为提升中华民族凝聚力提供坚强有力的价值支撑

中华民族是一个兼容并蓄、海纳百川的民族，在漫长的历史进程中，不断学习他人的好东西，并转化成我们自己的东西，形成我们的民族特色。从夏商周到元明清，汉民族的先进文化与其他少数民族的优秀文化不断融合创新。这种文化融合创新的包容和开放增强了中华民族的文化自信。在整合中华民族思想的同时，大大丰富了中华民族凝聚力的精神源泉，强化了中华民族凝聚力的价值认同。

2. 优秀传统文化为提升中华民族凝聚力提供厚重的历史文化资源

在中华民族成员心中，优秀传统文化中最打动人心的莫过于价值理念和道德习俗。一是共同的祖先情怀，中华民族以"炎黄子孙"自称，这一同祖的感情纽带传承数千年，至今依旧激励各民族、各行业的仁人志士为振兴中华而努力；二是一体的家国情怀，"修身齐家治国平天下"是中华民族的人生道德理想，每个人都将自己的前途与国之命运紧紧相连，以精忠报国为人生之大任，"先天下之忧而忧，后天下之乐而乐"，对国与民都展现出浓厚的深情大爱；三是自强不息、刚健有为的理想信念和道德追求，强调人在社会中的地位与责任，尤其是儒家所倡导的讲仁爱、守诚信、崇正义、求大同等思想理念，牢固积淀在中华民族成员的思维模式和行为方式中；四是厚德载物、兼容并蓄，无论是汉唐以来印度佛教文化的传播，还是明清以来西方先进科学技术的备受推崇，都

是以优秀传统文化为根基、吸取融合异质新鲜文化、拓展中华文明的过程。优秀的传统文化在求同存异中包容多元文化、树立文化自觉和文化自信，同时在强化了民族成员对自身的文化认同、继承和发扬中，提升了自身的民族凝聚力。

3. 优秀传统文化为提升中华民族凝聚力提供民族认同的基础

中国人独特而悠久的精神世界，让中国人具有很强的民族自信心，也培育了以爱国主义为核心的民族精神。中华民族凝聚力是中国国家生命力的极佳诠释，是中国共产党领导全国各族人民全面建成小康社会，走向富强、民主、文明、和谐的不竭动力，是中华民族实现民族复兴中国梦的精神保证。

习近平总书记指出，优秀传统文化是一个国家、一个民族传承和发展的根本，如果丢掉了，就割断了精神命脉。

中华民族要实现伟大复兴，需要从中华传统文化中汲取成长的力量。强化优秀传统文化认同是提升中华民族凝聚力的现实路径。小学阶段是进行中华传统文化教育的最佳时期，既是我们人生启蒙教育的初始，又是长远教育的开端，从某种意义上讲，品德的培养，习惯的养成，对学生的影响是终生的。因此，在小学阶段增强中华传统文化的熏陶力度，在学生幼小的心里埋下学习中华优秀传统文化的种子，对于中华民族优秀传统文化的良好传承，民族宝贵财富的继续流传并发扬光大，具有重要的现实意义，也是我们每一个中国人义不容辞的责任。

第二节　中华民族优秀文化常识

一、中华民族优秀文化常识知多少

1. 我国的京剧脸谱色彩含义丰富，红色一般表示忠勇侠义，白色一般表示阴险奸诈，黑色一般表示：（　　）

A. 忠耿正直　　　　　　　　　　B. 刚愎自用

2. 下列成语典故中与项羽有关的一个是：（　　）

A. 隔岸观火　　　　　　　　　　B. 暗度陈仓

C. 背水一战　　　　　　　　　　D. 破釜沉舟

3. 我们常说的"十八般武艺"最初指的是：（　　）

A. 使用十八种兵器的技能　　　　　　B. 十八种兵器

C. 十八种武术动作

4. 下面常用作表示顺序第五位的字是：（　　）

A. 戌　　　　　　B. 戍　　　　　　C. 戊

5. 和"近朱者赤，近墨者黑"所蕴含的道理最相似的一句话是：（　　）

A. 公生明，偏生暗　　　　　　B. 青出于蓝，而胜于蓝

C. 蓬生麻中，不扶而直

6. "大禹治水"的故事家喻户晓，大禹治理的洪水是：（　　）

A. 黄河流域　　　B. 长江流域　　　C. 淮河流域

7. "鄂尔多斯"在蒙古语中的意思是：（　　）

A. 大草原　　　　　　　　　　B. 盛产羊毛的地方

C. 众多宫殿　　　　　　　　　　D. 美丽的地方

8.《西游记》中唐僧的原型是哪个历史人物？（　　）

A. 玄奘　　　　　　B. 鉴真　　　　　　C. 郑和

9. "水"字采用的造字方法是：（　　）

A. 象形　　　　　B. 会意　　　　　C. 形声

10. 现在我们常用"阳春白雪"和"下里巴人"分别指代高雅和通俗的文艺作品，这两个成语最初指的是：（　　）

A. 文章　　　　　B. 画作　　　　　C. 乐曲

11. "桃花潭水深千尺，不及汪伦送我情"诗中的"我"指的是：（　　）

A. 杜甫　　　　　B. 李白　　　　　C. 白居易

12.《百家姓》开头第一句"赵钱孙李"的排列顺序是按照：（　　）

A. 人口数量　　　　　　　　B. 政治地位

13. 下面的成语和曹操有关的是：（　　）

A. 画饼充饥　　　　　　　　B. 望梅止渴

14. 下列选项中哪项与"亡羊补牢"的意思最接近？（　　）

A. 人无远虑，必有近忧　　　B. 往者不可谏，来者犹可追

C. 失之东隅，收之桑榆

15. 王羲之对一种动物十分偏爱，并从它的体态姿势上领悟到书法执笔运笔的道理，这种动物是：（　　）

A. 鸭　　　　　B. 鹅　　　　　C. 鸡　　　　　D. 鱼

16. "美"字最初的字形表示的是什么？（　　）

A. 羊大即为美　　　　　　　B. 戴着头饰站立的人

C. 土地里生长的花朵　　　　D. 远方茂盛的森林

17. "一问三不知"出自《左传》，"三不知"指的是：（　　）

A. 天文、地理、文学　　　　B. 事情的开始、经过、结果

C. 孔子、孟子、老子　　　　D. 自己的姓名、籍贯、生辰八字

18. 篆刻分为阴文印和阳文印，北京奥运会会徽"中国印"是哪一种？（　　）

A. 阴文印　　　　　　　　　B. 阳文印

19. 古代战争中指挥军队撤退时要敲击哪种乐器？（　　）

A. 鼓　　　　　　　　　　　B. 锣

20. 古人用"父母教，须敬听；父母责，须顺承"来劝谕人们要尊敬父母，这句话出自哪部古书？（　　）

　　A.《弟子规》　　B.《三字经》　　C.《千字文》

21. 下列选项不是端午节习俗的是：（　　）

　　A. 挂香包　　　　　　　　　　B. 插艾蒿

　　C. 登高采菊　　　　　　　　　D. 喝雄黄酒

22. "入木三分"这个成语原本是用来形容：（　　）

　　A. 文章　　　　　　　　　　　B. 书法

23. 下面哪个历史人物是《孙子兵法》的作者？（　　）

　　A. 孙武　　　　B. 孙膑　　　　C. 孙权

24. 与秦始皇有关的成语是：（　　）

　　A. 指鹿为马　　B. 奇货可居　　C. 图穷匕见

25. 成语"机不可失"出自张九龄之笔，它的下句是什么？（　　）

　　A. 时不再来　　　　　　　　　B. 失不再来

26. 孟子说："不以规矩，不能成方圆。"这里的"规矩"原指什么？（　　）

　　A. 法律条文　　　　　　　　　B. 美德善行

　　C. 圆规曲尺　　　　　　　　　D. 标准和法则

27. 成语"一衣带水"中的"水"原指一条河流，请问是下面哪条河流？
（　　）

　　A. 黄河　　　　B. 长江　　　　C. 淮河　　　　D. 湘江

28. 中国历史上被誉为"药王"的人是下面哪位名医？（　　）

　　A. 李时珍　　　B. 华佗　　　　C. 孙思邈

29. "杏林春晓"中"杏林"指代的是：（　　）

　　A. 教育界　　　　　　　　　　B. 医学界

30. 元太祖铁木真是蒙古草原上的英雄，被人们尊称为"成吉思汗"，"汗"的意思是大王，那么"成吉思"的意思是指下面哪一种景物？（　　）

　　A. 高山　　　　B. 天空　　　　C. 草原　　　　D. 大海

31. 我们常用"社稷"来指代国家，其中"稷"字代表的是：（　　）

　　A. 五谷之神　　　　　　　　　B. 土地之神

32. 我国古代的文人雅士都喜欢研墨挥毫，正确的研磨方法是：（ ）

A. 先快后慢　　　　　　　　B. 先慢后快

33. 名言"少壮不努力，老大徒伤悲"出自下列哪首古代诗歌？（ ）

A.《长歌行》　　B.《短歌行》　　C.《少年行》

34. 下面选项中孔子说的话是：（ ）

A. 有朋自远方来，不亦乐乎？　　B. 天下兴亡，匹夫有责

35. 为了孩子的学习环境而三次迁居的历史故事是：（ ）

A. 孟母教子　　B. 举案齐眉　　C. 岳母刺字

36. 下面哪一部是我国现存最早的兵书？（ ）

A.《孙子兵法》　　　　　　　　B.《孙膑兵法》

37. 下面哪一句诗是唐诗"东边日出西边雨"的下一句？（ ）

A. 也无风雨也无晴　　　　　　B. 道是无晴却有晴

38. 孔子"三月不知肉滋味"的原因是：（ ）

A. 三个月没吃肉　　　　　　　B. 听到一段好乐曲

C. 读到一本好书

39. "桃李满天下"中的"桃李"是指：（ ）

A. 朋友　　　　　　　　　　　B. 学生

40. 风筝最初是用来：（ ）

A. 通报消息　　　　　　　　　B. 娱乐健身

41. "三更半夜"中的"三更"指的时间是：（ ）

A.21 点至 23 点　　　　　　　B.23 点至凌晨 1 点

C. 凌晨 1 点至 3 点

42. 最早发现的甲骨文是在下面哪种物品上？（ ）

A. 陶器　　　　B. 药材　　　　C. 墓碑　　　　D. 竹简

【答案】

1. A 2. D 3. A 4. C 5. C 6. A 7. C 8. A 9. A 10. C
11. B 12. B 13. B 14. B 15. B 16. B 17. B 18. A 19. B 20. A
21. C 22. B 23. A 24. C 25. A 26. C 27. B 28. C 29. B 30. D
31. A 32. B 33. A 34. A 35. A 36. A 37. B 38. B 39. B 40. A
41. B 42. B

二、数字里的传统文化

1. 十二生肖

子鼠、丑牛、寅虎、卯兔、辰龙、巳蛇、午马、未羊、申猴、酉鸡、戌狗、亥猪

　　西湖龙井：产于浙江省杭州市西湖龙井村周围群山，属绿茶，具有1200多年历史。素以"色绿、香郁、味甘、形美"四绝著称。

　　碧螺春：产于江苏省苏州市太湖的东洞庭山及西洞庭山一带，所以又称"洞庭碧螺春"，属绿茶，已有1000多年历史。唐朝时就被列为贡品。

　　信阳毛尖：河南省著名特产，被誉为"绿茶之王"。

西湖龙井　　　　　　　　碧螺春　　　　　　　　信阳毛尖

　　君山银针：产于湖南岳阳洞庭湖中的君山，形细如针，故名"君山银针"。属于黄茶。

　　六安瓜片：简称"瓜片""片茶"，产自安徽省六安市大别山一带，为绿茶特种茶类。

　　黄山毛峰：产于安徽黄山（徽州）一带，所以又称徽茶。属绿茶。新制茶叶白毫披身，且鲜叶采自黄山高峰，因此而得名。

　　祁门红茶：产于安徽省祁门、东至、贵池（今池州市）、石台、黟县以及江西的浮梁一带。著名红茶精品。简称"祁红"。

君山银针　　　　　　　黄山毛峰　　　　　　　祁门红茶

都匀毛尖：1956年，由毛泽东亲笔命名，又名"白毛尖""细毛尖""鱼钩茶""雀舌茶"。属绿茶，是贵州三大名茶之一。

铁观音：汉族传统名茶，原产于福建省泉州市安溪县西坪镇。属乌龙茶。

武夷岩茶：产于福建闽北"秀甲东南"的武夷山一带，茶树生长在岩缝之中。属乌龙茶。最著名的武夷岩茶是"大红袍"。

都匀毛尖　　　　　　　铁观音　　　　　　　武夷岩茶

3. 四大名绣

苏绣：苏州地区刺绣产品的总称。其发源地在苏州吴县一带。2006年，苏绣经国务院批准列入第一批国家级非物质文化遗产名录。

湘绣：以湖南长沙为中心的带有鲜明湘楚文化特色的湖南刺绣产品

的总称。曾有"绣花能生香，绣鸟能听声，绣虎能奔跑，绣人能传神"的美誉。2006年，湘绣经国务院批准列入第一批国家级非物质文化遗产名录。

苏绣

湘绣

蜀绣：又名"川绣"，主要指以四川成都为中心的川西平原一带的刺绣。蜀绣最早见于西汉的记载。2006年，蜀绣经国务院批准列入第一批国家级非物质文化遗产名录。2012年，蜀绣被批准为地理标志保护产品。

蜀绣

广绣：广绣是粤绣之一，是以广州为中心的珠江三角洲民间刺绣工艺的总称。2006年，广绣经国务院批准列入第一批国家级非物质文化遗产名录。

广绣

4. 四大名花

牡丹(河南洛阳)：色泽艳丽，玉笑珠香，风流潇洒，富丽堂皇，素有"花中之王"的美誉。唐代刘禹锡有诗曰："庭前芍药妖无格，池上芙蕖净少情。唯有牡丹真国色，花开时节动京城。"在清代末年，牡丹就曾被选作中国的国花。

牡丹

水仙（福建漳州）：又名"中国水仙"。在中国已有一千多年栽培历史，为传统观赏花卉。

水仙

菊花（浙江杭州）：花中四君子（梅兰竹菊）之一，也是世界四大切花（菊花、月季、康乃馨、唐菖蒲）之一。古人赞菊、赏菊，陶渊明有"采菊东篱下，悠然见南山"的名句。唐代孟浩然《过故人庄》中有"待到重阳日，还来就菊花"的名句。在古代神话传说中菊花还被赋予了吉祥、长寿的含义。

菊花

山茶（云南昆明）：花色品种繁多，花大多数为红色或淡红色，亦有白色，多为重瓣。

山茶

5. 四大发明

中国古代的四大发明，一般指造纸术、指南针、火药和印刷术。这四种发明是古代劳动人民的重要创造，对我国古代的政治、经济、文化的发展产生了巨大的推动作用。这些发明经由各种途径传至西方后，对世界文明发展进程也产生了重大影响。

6. 八大传统节日

春节：春节是中国民间一年中最隆重的传统节日，时间在农历正月初一。节日活动通常从除夕开始直到正月十五。届时家家吃团圆饭，贴春联，放爆竹，舞龙灯，亲友互访，相祝拜年。

元宵：农历正月十五元宵节，又称为上元节。节日活动主要有赏灯、猜灯谜、耍龙灯、吃元宵等。

清明：每年阳历4月4日或5日是清明节。风俗活动有扫墓、祭祀等。

端午：每年农历五月初五，又称端阳节、午日节、五月节、龙舟节、浴兰节等。端午节当天人们吃粽子，赛龙舟。端午节列入世界非物质文化遗产，成为中国首个入选世界非物质文化遗产的节日。

七夕：每年农历七月初七，又名乞巧节、七巧节或七姐诞，始于汉朝。它起源于人们对自然的崇拜，后因融入牛郎织女的传说而成为极具浪漫色彩的节日之一。古代妇女在这天晚上有拜仙和乞巧的习俗。

中秋：每年农历八月十五日是中秋节。中秋节始于唐朝初年，盛行于宋朝，至明清时，已成为与春节齐名的中国主要节日之一。中秋节自古便有祭月、赏月、拜月、吃月饼、赏桂花、饮桂花酒等习俗。

重阳：农历九月初九是重阳节，又称重九节、晒秋节、"踏秋"，是汉族传统节日。庆祝重阳节一般会包括出游赏秋、登高远眺、观赏菊花、遍插茱萸、吃重阳糕、饮菊花酒等活动。重阳节被定为老人节。

冬至：冬至俗称冬节、长至节、"亚岁"等。北方有吃饺子的风俗，而南方则是吃汤圆，有的地方也有喝羊肉汤的习俗。

7. 四大名著

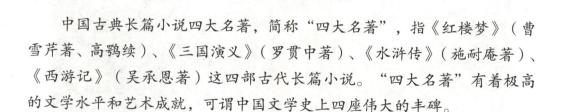

中国古典长篇小说四大名著，简称"四大名著"，指《红楼梦》（曹雪芹著、高鹗续）、《三国演义》（罗贯中著）、《水浒传》（施耐庵著）、《西游记》（吴承恩著）这四部古代长篇小说。"四大名著"有着极高的文学水平和艺术成就，可谓中国文学史上四座伟大的丰碑。

《牛郎织女》：中国古代著名的民间爱情故事，从牵牛星、织女星的星名衍化而来。

《孟姜女哭长城》：中国古代四大爱情传奇之一，反映了古代劳动人民的深重苦难。

《梁山伯与祝英台》：自西晋始，在民间流传已有1700多年，被誉为爱情的千古绝唱。

彩虹出来了，百花齐放，英台和山伯化为一双蝴蝶，翩翩飞舞。远处有人唱："人间天上终成对，梁山伯和祝英台。"

《梁山伯与祝英台》连环画

《白蛇传》：通过许仙与白娘子的曲折爱情故事，表达了劳动人民对美好爱情的向往和对封建束缚的憎恨。

"四书"是《论语》《孟子》《大学》《中庸》的合称。

《论语》是儒家的经典著作之一，由孔子的弟子及其再传弟子编撰而成。它以语录体为主，叙事体为辅，记录了孔子及其弟子言行，集中体现了孔子的政治主张、伦理思想、道德观念及教育原则等。

《孟子》由孟子及其弟子万章、公孙丑等著。书中记载有孟子及其弟子的政治、教育、哲学、伦理等思想观点和政治活动。

　　《大学》原本也是《礼记》中的一篇，相传为曾子所作，实为秦汉时儒家作品，是一部中国古代讨论教育理论的重要著作。

　　《中庸》是儒家经典著作之一。宋朝的儒学家对《中庸》非常推崇而将其从《礼记》中抽出独立成书，朱熹则将其与《论语》《孟子》《大学》合编为《四书》。

10. 五经

　　"五经"是《诗经》《尚书》《礼记》《易经》《春秋》的合称。

　　《诗经》是中国古代诗歌开端，是我国最早的一部诗歌总集。它内容丰富，是周代社会生活的一面镜子。

　　《尚书》又称《书》或《书经》，是我国第一部古典文集和最早的历史文献，它以记言为主。

　　《礼记》又称《小戴记》或《小戴礼记》，是秦汉以前各种礼仪论著的选集，相传西汉戴圣编纂。

　　《易经》即《周易》，相传系周文王姬昌所作，内容包括《经》和《传》两个部分。

　　《春秋》是春秋时期鲁国的编年史，相传由孔子修订而成。

11. 五彩

五彩：指青、白、红、黑、黄五种颜色，泛指各种颜色。古人认为这五种颜色分别代表木、金、火、水、土五种物质以及东、西、南、北、中五个方位。

12. 五音

五音：指宫、商、角（jué）、徵（zhǐ）、羽这五个中国古乐的基本音阶。"宫商角徵羽"的名称最早见于距今2600余年的春秋时期。

13. 七宝

金：最稀有、最珍贵和最被人看重的金属之一。国际上一般黄金都是以盎司为单位，中国古代是以两作为黄金单位。

银：古代就已知并加以利用的金属之一，是一种重要的贵金属。

琉璃：用某些矿物原料烧成的半透明釉料，多加在黏土的外层，烧制成缸、盆、砖瓦等。中国古代最初制作琉璃的材料，是从青铜器铸造时产生的副产品中获得的。琉璃的颜色多种多样，常见的有绿色、蓝色和金黄色等，古人也叫它"五色石"。

珊瑚：由珊瑚虫的石灰质骨骼聚集而成。形状有树枝状、盘状、块状等，颜色有红、白、黑等。

砗磲：一种生活在热带海底的软体动物。砗磲壳很厚，内壳为白色而光润，外壳呈黄褐色，将其尾端最精华的部分进行切磨，可作佛珠及装饰品。

珍珠：某些软体动物（如蚌）的贝壳内产生的圆形颗粒，多为乳白色或略带黄色，有光泽。多用作装饰品。

玛瑙：一种玉石，古代也作"码瑙、马瑙、马脑"等。多用作贵重的装饰品。

14. 六艺

礼：礼仪制度、道德规范。

乐（yuè）：音乐、诗歌、舞蹈。

射：射箭。

御（yù）：驾驶马车。

书：文字读写。

数：算法。

15. 三山

黄山：位于安徽省南部黄山市境内。原名"黟山"，因峰岩青黑，遥望苍黛而得名。后因传说轩辕黄帝曾在此炼丹，故改名为"黄山"。

庐山：位于江西省九江市庐山市境内。庐山以雄奇险秀闻名于世。绵延的 90 余座山峰，犹如九叠屏风，屏蔽着江西的北大门。

雁荡山：主体位于浙江省温州市东北部海滨，小部在台州市温岭南境。雁荡山以山水奇秀闻名，素有"海上名山、寰中绝胜"之誉，史称"东南第一山"。

中岳嵩山：位于河南省西部。由太室山与少室山组成，共72峰，是我国佛教禅宗的发源地和道教圣地。

东岳泰山：位于山东省中部。别称"岱山""岱宗"等。主峰玉皇顶海拔1545米，气势雄伟磅礴。自古以来，中国人就崇拜泰山，有"泰山安，四海皆安"的说法。

西岳华山：位于陕西渭南华阴市。自古以来就有"奇险天下第一山"的说法。

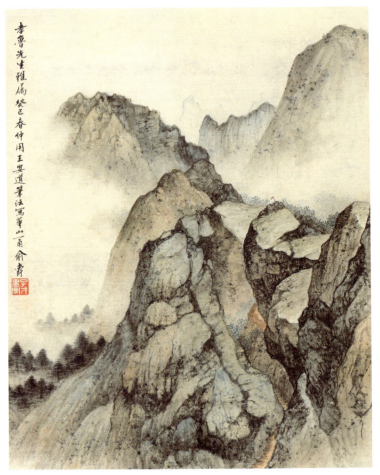

华山一角

南岳衡山：位于湖南省中部偏南部。又名南岳、寿岳、南山。

北岳恒山：位于山西省大同市浑源县城南。古称玄武山、嵝山等。主峰天峰岭，海拔2016.1米，被称为"人天北柱""绝塞名山"。

三、中国的十大国粹（1—5）

1. 书法与国画

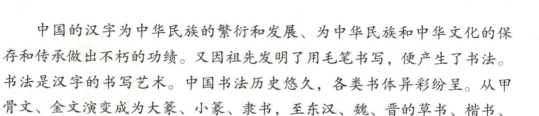

中国的汉字为中华民族的繁衍和发展、为中华民族和中华文化的保存和传承做出不朽的功绩。又因祖先发明了用毛笔书写，便产生了书法。书法是汉字的书写艺术。中国书法历史悠久，各类书体异彩纷呈。从甲骨文、金文演变成为大篆、小篆、隶书，至东汉、魏、晋的草书、楷书、行书诸体，书法一直散发着独特的艺术魅力。

国画是汉族的传统绘画形式，是用毛笔蘸水、墨、彩在绢或纸上作画。工具和材料有毛笔、墨、国画颜料、宣纸、绢等，题材可分为人物、山水、花鸟等。

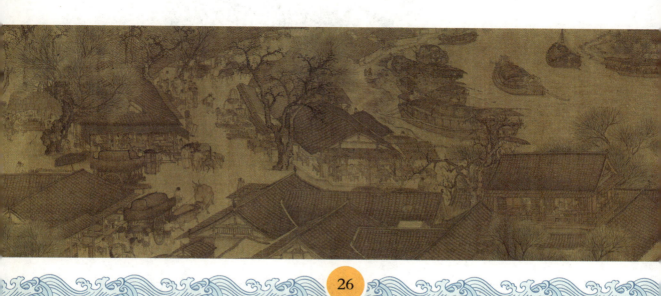

《九成宫醴泉铭》是唐代碑刻，由魏征撰文，欧阳询书写，记述了唐太宗在九成宫避暑时发现醴泉之事。

欧阳询的笔法刚劲婉润，兼有隶意。《九成宫醴泉铭》被后世誉为"天下第一楷书"，享有"楷书之极则"的美誉。

九成宫醴泉铭（局部）

《清明上河图》是中国十大传世名画之一，属于国宝级文物。作者是北宋画家张择端。

《清明上河图》长528.7厘米，宽25.2厘米。作品以长卷形式，生动记录了北宋汴京的城市面貌和各阶层人民的生活状况，是汴京当年繁荣的见证。

清明上河图（局部）

2. 中国武术

　　中国传统武术，有着悠久的历史，最早可以追溯到商周时期，具有极为广泛的群众基础，是中国劳动人民在长期的社会实践中不断积累和丰富起来的一项宝贵的文化遗产。

　　中国武术，上武得道，平天下；中武入哲，安身心；下武精技，防侵害。

 知识拓展

　　《中国武术大典》由少林寺主编，百卷本共3000万字，吸收了分散于全国各地的武术文献精华。共收录各类武术文献324种，涵盖兵技、军器、武举制度、气功导引、伤科、域外汉籍武术文献等16类。

3. 中医

　　中医是中国的传统医学，一般指中国以汉族劳动人民创造的传统医学为主的医学。中医承载着中国古代人民同疾病作斗争的经验和理论知识，是在古代朴素的唯物论和自发的辩证法思想指导下，通过长期医疗实践逐步形成并发展成的医学理论体系。

4. 京剧

　　京剧是中国五大戏剧之首，用胡琴和锣鼓等伴奏。它的表演艺术更趋于虚实结合的表现手法，最大限度地超脱了舞台空间和时间的限制，以达到"以形传神，形神兼备"的艺术境界。

被誉为中国京剧"四大名旦"的梅兰芳、程砚秋、尚小云、荀慧生是我国京剧旦角行当中四大艺术流派的创始人。他们以风格独特的演技为京剧的发展和繁荣作出了很大的贡献。

四大名旦合影（从左到右依次为程砚秋、尚小云、梅兰芳、荀慧生）

 知识拓展

"生旦净丑"是京剧行当的名称。

京剧角色的分行十分细致，早先分为十行，后来才归并为"生旦净丑"四行。生行是扮演男性角色的一种行当，包括老生、小生、武生等。旦行是指扮演女性的角色，分青衣、花旦、武旦、老旦等。净行俗称花脸，一般扮演男性角色，分正净、副净和武净。丑行又称"三花脸"，多演伶俐幽默或阴险狡猾的角色。

5. 丝绸

丝绸是中国的特产。古代劳动人民发明并大规模生产丝绸制品，从西汉起，中国的丝绸不断大批地运往国外，成为世界闻名的产品。古代连接中西方的商道，被欧洲人称为"丝绸之路"。

四、中国文学之最

1. 最早的诗歌总集——《诗经》

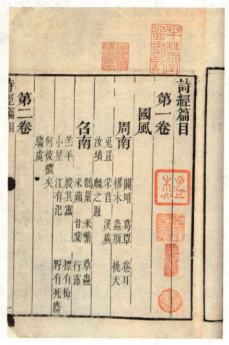

《诗经》是我国最早的诗歌总集，出现在距今3000余年到2400余年之间。《诗经》所录诗歌多来自民间。相传，周朝设有专门的采诗官，他们走进民间，采集民歌，为的是了解民俗风情，体察国家的政治得失。《诗经》共有305篇，古人根据诗歌的来源和乐调将它们分为"风""雅""颂"三部分。"风"的内容主要写的是民间生活；"雅"分"大雅"和"小雅"，内容主要是政治讽刺诗、史诗、祭祀诗、宴会贺诗等；"颂"的内容大多是歌颂统治者的功业和德行。后来，《诗经》被儒家奉为经典，成为"五经"之一。

2. 最早的爱国诗人——屈原

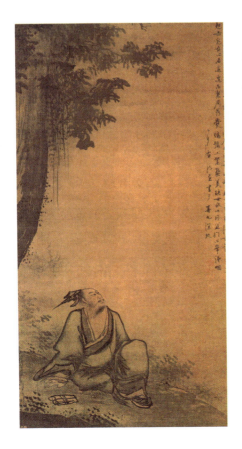

屈原，名平，战国时期楚国人。自幼勤奋好学，胸怀大志，26岁就已经在楚国担任重要职务，为国家分忧解难了。屈原生活在楚国衰落败亡的时代，曾两次被流放。在被流放的20多年间，他一直关心着自己国家的命运。当他得知楚都被秦国占领时，心急如焚，他披着满头白发，上洞庭，下湘江，奔走呼号。公元前278年，秦国攻破楚国国都，屈原的政治理想破灭，对前途感到绝望，虽有心报国，却无力回天，就在同年的五月五日投汨罗江自杀，以死表明自己的爱国之心，成为中国文学史上第一位留下姓名的伟大诗人。据说屈原死后，人们投祭屈原的食品，都被蛟龙抢走了，而蛟龙却害怕楝树叶和五色丝线，所以人们就把米包成粽子来祭祀屈原；赛龙舟则相传是为了打捞屈原的尸体而产生的。这种祭祀行为一年一年流传下来，渐渐成为一种风俗，现定农历五月五日为端午节。这反映了人们对屈原的热爱。屈原创立了一种文体叫"楚辞"，代表作品有《离骚》《九歌》《九章》《天问》等许多不朽诗篇。屈原的诗热情奔放，洋溢着伟大的爱国主义精神，也蕴藏着忧国伤时、愤世嫉俗的情怀。《离骚》是屈原写作的一部浪漫主义抒情长诗，主要叙述了自己的身世、品德、理想，抒发了自己遭谗被害的苦闷与矛盾，表达了自己追求理想、热爱祖国的强烈感情和宁死不屈的斗争精神。屈原开创了诗歌从集体歌唱转变为个人独立创作的新纪元，是我国积极浪漫主义诗歌传统的奠基人。

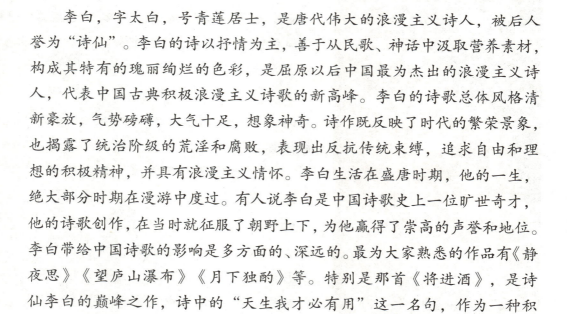

3. 最伟大的浪漫主义诗人——李白

　　李白，字太白，号青莲居士，是唐代伟大的浪漫主义诗人，被后人誉为"诗仙"。李白的诗以抒情为主，善于从民歌、神话中汲取营养素材，构成其特有的瑰丽绚烂的色彩，是屈原以后中国最为杰出的浪漫主义诗人，代表中国古典积极浪漫主义诗歌的新高峰。李白的诗歌总体风格清新豪放，气势磅礴，大气十足，想象神奇。诗作既反映了时代的繁荣景象，也揭露了统治阶级的荒淫和腐败，表现出反抗传统束缚，追求自由和理想的积极精神，并具有浪漫主义情怀。李白生活在盛唐时期，他的一生，绝大部分时期在漫游中度过。有人说李白是中国诗歌史上一位旷世奇才，他的诗歌创作，在当时就征服了朝野上下，为他赢得了崇高的声誉和地位。李白带给中国诗歌的影响是多方面的、深远的。最为大家熟悉的作品有《静夜思》《望庐山瀑布》《月下独酌》等。特别是那首《将进酒》，是诗仙李白的巅峰之作，诗中的"天生我才必有用"这一名句，作为一种积极的信念，鼓励人们勇敢地走向成功。

李白醉酒图

4. 最伟大的现实主义诗人——杜甫

　　杜甫是唐代伟大的现实主义诗人，是唐代最杰出的诗人之一，对后世影响深远。杜甫，字子美，世称"杜工部""杜少陵"等。他自小好学，7岁学诗，15岁扬名。杜甫的思想核心是儒家的仁政思想，他经历了唐代由盛到衰的过程，他用诗的形式把见闻真实地记录下来。因此，与诗仙李白相比，杜甫更多的是对国家的忧虑及对老百姓困难生活的同情。他的诗多是深刻地反映社会现实，被称为"诗史"。杜甫被世人尊称为"诗圣"，又和李白合称"李杜"。杜甫以古体诗、律诗见长，风格多样。

他一生写诗一千五百多首，其中很多是传诵千古的名篇。其代表作有《春夜喜雨》《茅屋为秋风所破歌》《蜀相》《闻官军收河南河北》《登高》《登岳阳楼》等。其中著名的诗句有"安得广厦千万间，大庇天下寒士俱欢颜""无边落木萧萧下，不尽长江滚滚来"等。

5. 最杰出的豪放派词人——苏轼

如果说唐诗是中国古代文学史上绚烂的一笔，那么宋词与它相比，丝毫也不逊色。在众多的词人当中，北宋的苏轼被视为豪放派的代表。豪放派是形成于中国宋代的词学流派之一。豪放派的特点是，创作视野比较广阔，内容宽阔浩荡，以充沛激昂甚至悲凉的感情融入词中，写人状物以慷慨豪迈的形象和阔大雄壮的场面取胜，读后令人有种痛快淋漓的感觉。苏轼，字子瞻，号东坡居士，眉州眉山人。苏轼之所以被后世尊为豪放派鼻祖，主要是由于他的一些描写自己的抱负与理想的词作，抒豪情，言壮志，表现了与众不同的慷慨豪迈的气概。《念奴娇·赤壁怀古》便是其豪放词风的代表作。

念奴娇·赤壁怀古

　　大江东去，浪淘尽，千古风流人物。故垒西边，人道是，三国周郎赤壁。乱石穿空，惊涛拍岸，卷起千堆雪。江山如画，一时多少豪杰。

　　遥想公瑾当年，小乔初嫁了，雄姿英发。羽扇纶巾，谈笑间，樯橹灰飞烟灭。故国神游，多情应笑我，早生华发。人生如梦，一尊还酹江月。

赤壁图

6. 最著名的爱国词人——辛弃疾

　　提到爱国词人，首推南宋时期的辛弃疾。辛弃疾，字幼安，号稼轩，山东人，南宋豪放派词人，所作的词热情洋溢，慷慨悲壮，笔力雄厚，人称"词中之龙"，与苏轼合称"苏辛"。其词艺术风格多样，以豪放为主，风格沉雄豪迈又不乏细腻柔媚之处，故又与李清照并称"济南二安"。辛词题材广阔，常化用前人典故入词，抒写力图恢复国家统一的爱国热情，倾诉壮志难酬的悲愤，对当时执政者的屈辱求和颇多谴责；词中也有很多吟咏祖国河山的作品。辛词以其内容上的爱国思想和艺术上的创新精神，在文学史上产生了巨大影响。其代表作有《破阵子》（醉里挑灯看剑）、《摸鱼儿》（更能消几番风雨）、《永遇乐》（千古江山）等。

永遇乐

千古江山，英雄无觅，孙仲谋处。舞榭歌台，风流总被，雨打风吹去。斜阳草树，寻常巷陌，人道寄奴曾住。想当年，金戈铁马，气吞万里如虎。

元嘉草草，封狼居胥，赢得仓皇北顾。四十三年，望中犹记，烽火扬州路。可堪回首，佛狸祠下，一片神鸦社鼓。凭谁问，廉颇老矣，尚能饭否？

陆游，字务观，号放翁，南宋文学家、史学家、爱国诗人。陆游具有多方面文学才能，以诗的成就为最。陆游是现存诗作最多的诗人，他一生笔耕不辍，曾自诩"六十年间万首诗"。陆游一生创作诗歌很多，今存九千多首，内容极为丰富。与王安石、苏轼、黄庭坚并称"宋代四大诗人"，又与杨万里、范成大、尤袤并称"南宋四大家"。陆游的诗反映人民疾苦，抒发政治抱负，批判当时统治集团的屈辱投降，始终贯穿着炽热的爱国主义精神。陆游的诗语言平易，章法严谨，兼具李白的雄奇奔放与杜甫的沉郁悲凉，表现出渴望恢复国家统一的强

烈爱国热情。代表作《关山月》《十一月四日风雨大作》《书愤》等爱国诗篇均为后世所传诵。陆游八十五岁去世，临终之际，他留下绝笔《示儿》："死去元知万事空，但悲不见九州同。王师北定中原日，家祭无忘告乃翁。"陆游的爱国诗篇影响深远，特别是清末以来，陆诗的爱国情怀成为鼓舞人民反抗外来侵略者的精神力量。

五、我国拥有的50项世界遗产（1—25）

同学们，你们知道吗？联合国教科文组织将世界遗产分为文化遗产（包含文化景观）、自然遗产、文化和自然双重遗产；2001年5月起加设人类口头遗产和非物质遗产代表作，作为对世界文化遗产保护活动的补充。

中国在1985年11月22日成为《保护世界文化与自然遗产公约》缔约国，列入世界遗产名录的数量居世界第二位，仅次于意大利。

你们想不想去看看这些世界遗产？那就跟着我的介绍去游览一番吧。

1. 长城

长城是我国古代建筑的防御工程。修筑的历史始于西周时期，主要分布在河北、北京、天津等15个省区市。根据文物和测绘部门的调查结果，明长城总长度为8851.8千米，秦汉及早期长城超过1万千米，总长超过2.1万千米。

2. 莫高窟

莫高窟，坐落在敦煌。始建于前秦时期，历经十六国、北朝等历代的兴建，规模庞大，有洞窟735个，壁画4.5万平方米、泥质彩塑2415尊，是全世界现存规模最大、内容最丰富的佛教艺术圣地。

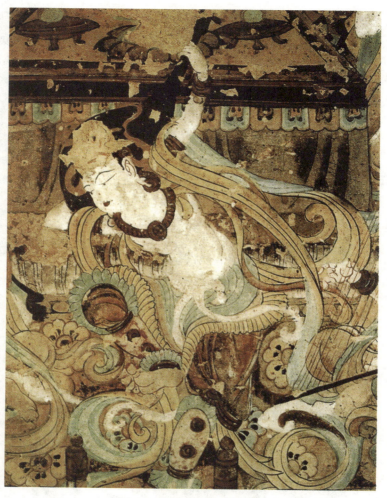

敦煌壁画

3. 杭州西湖

　　西湖，位于浙江省杭州市，是中国十大风景名胜之一，也是中国大陆主要的观赏性淡水湖泊之一。

　　西湖三面环山，面积约6.39平方千米，东西宽约2.8千米，南北长约3.2千米，绕湖一周近15千米。中有"一山、二塔、三岛、三堤、五湖"等著名景点，每年吸引大批中外游客前去参观游览。

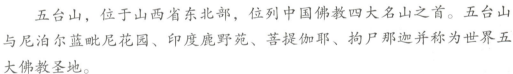
4. 五台山

　　五台山，位于山西省东北部，位列中国佛教四大名山之首。五台山与尼泊尔蓝毗尼花园、印度鹿野苑、菩提伽耶、拘尸那迦并称为世界五大佛教圣地。

5. 龙门石窟

龙门石窟位于河南省洛阳市，是中国石刻艺术宝库之一，与敦煌莫高窟、云冈石窟并称中国三大石窟。

6. 泰山

泰山，位于山东省泰安市，气势雄伟磅礴，有"五岳之首"等美称。自古以来，人们崇拜泰山，以"泰山北斗"来喻指道德高、名望重或有卓越成就的人。

7. 苏州古典园林

苏州园林，指中国苏州的园林建筑，以私家园林为主，有各色园林一百七十多处，对外开放的园林有十九处。以独具匠心的艺术手法，在有限的空间内移步换景，精心设计。

8. 颐和园

颐和园，位于北京市，是保存最完整的皇家行宫，被誉为"皇家园林博物馆"，也是国家重点旅游景点。

9. 天坛

天坛，位于北京市，始建于明永乐十八年（1420年），为明、清两代帝王祭祀皇天、祈五谷丰登之场所。

10. 布达拉宫
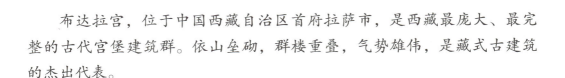

　　布达拉宫，位于中国西藏自治区首府拉萨市，是西藏最庞大、最完整的古代宫堡建筑群。依山垒砌，群楼重叠，气势雄伟，是藏式古建筑的杰出代表。

11. 秦始皇陵及兵马俑坑

　　秦始皇陵，是中国第一个皇帝嬴政的陵寝，位于陕西省西安市临潼区城东的骊山北麓。秦始皇陵修筑时间长达 39 年，是世界上规模最大、结构最奇特、内涵最丰富的帝王陵墓之一。兵马俑是修筑秦陵的同时制作并埋入随葬坑内的。

12. 曲阜孔庙、孔府、孔林

　　曲阜孔庙，是祭祀著名思想家、教育家孔子的庙宇，位于孔子故里、山东曲阜城内，始建于鲁哀公十七年（公元前 478 年），被建筑学家梁思成称为世界建筑史上的"孤例"。孔府，建于宋代，是孔子嫡系子孙居住之地。孔林，是孔子及其家族的专用墓地，也是世界上延续时间最长的家族墓地。

13. 黄山

　　黄山，位于安徽省南部黄山市，风景优美，曾被明朝旅行家徐霞客赞叹："薄海内外之名山，无如徽之黄山。登黄山，天下无山，观止矣！"

14. 庐山

　　庐山，又名匡山、匡庐，位于江西省九江市，长约 25 千米，宽约 10 千米。庐山风景优美，是著名的避暑胜地，素有"匡庐奇秀甲天下"的美誉。

15. 周口店北京猿人遗址

周口店北京猿人遗址，位于北京市西南房山区周口店镇，是世界上材料最丰富、最系统的旧石器时代早期的人类遗址。1921 年至 1927 年，考古学家先后三次发现三枚人类牙齿化石，1929 年，又发现了北京人头盖骨化石，成为震惊世界的重大考古发现。

16. 九寨沟

九寨沟，位于四川省阿坝藏族羌族自治州九寨沟县内，是一条纵深 50 余千米的山沟谷地，是中国第一个以保护自然风景为主要目的的自然保护区。

17. 青城山和都江堰

　　青城山，位于四川省都江堰市西南。青城山群峰环绕起伏，林木葱茏幽翠，享有"青城天下幽"的美誉。青城山历史悠久，是中国道教的发祥地之一。都江堰，位于四川省成都市都江堰市城西，始建于秦昭王末年，是蜀郡太守李冰父子组织修建的大型水利工程，是全世界迄今为止年代最久并仍在使用的以无坝引水为特征的宏大水利工程。

18. 峨眉山、乐山大佛

　　峨眉山，位于四川省乐山市峨眉山市境内，地势陡峭，风景秀丽，有"秀甲天下"之美誉，也是中国四大佛教名山之一。乐山大佛，位于四川省乐山市南岷江东岸凌云寺侧，大佛为弥勒佛坐像，通高71米，是中国最大的一尊摩崖石刻造像。

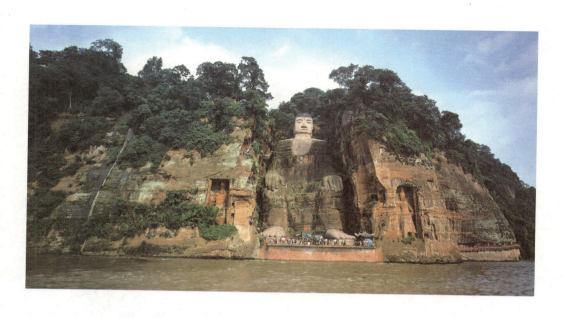

19. 丝绸之路

　　丝绸之路指起始于古代中国，连接亚洲、非洲和欧洲的古代陆上商业贸易路线。它形成于公元前 2 世纪与公元 1 世纪间，直至 16 世纪仍保留使用，是一条东方与西方之间经济、政治、文化进行交流的主要道路。

20. 新疆天山

　　新疆天山，指我国境内的东天山，古名白山，长达 1760 千米，跨越了喀什、阿克苏等 9 个地州市，是新疆地理的独特标志。

21. 南方喀斯特地貌

　　南方喀斯特地貌分布于云南石林、贵州荔波、重庆武隆、广西桂林、贵州施秉、重庆金佛山和广西环江七地。

　　"喀斯特"即岩溶，是水对可溶性岩石进行溶蚀等作用所形成的地表和地下形态的总称，是一种地貌特征。"中国南方喀斯特"拥有最显著的喀斯特地貌类型（如尖塔状、锥状喀斯特）以及如天生桥、天坑之类的雄伟奇特的喀斯特景观，是世界上最壮观的热带至亚热带喀斯特地貌样本之一。

22. 三清山风景区

三清山风景名胜区位于江西省上饶市东北部，因玉京、玉虚、玉华"三峰峻拔，如道教三清列坐其巅"得名。

23. 明清皇家宫殿

　　北京故宫，旧称紫禁城，是明、清两代的皇宫，也是世界现存最大、最完整的木质结构的古建筑群。沈阳故宫是中国仅次于北京故宫的最完整的皇宫建筑，位于沈阳市明清旧城中心，代表了满族早期皇宫建筑的最高艺术成就。

24. "天地之中"历史建筑群

　　"天地之中"历史建筑群分布于河南省登封市区周围，历经汉、魏、唐、宋、元、明、清，绵延不绝，构成了一部中国中原地区上下2000年形象直观的建筑史，是中国时代跨度最长、建筑种类最多、文化内涵最丰富的古代建筑群，是中国先民独特宇宙观和审美观的真实体现。

25. 元上都遗址

元上都遗址位于广袤的内蒙古自治区锡林郭勒盟正蓝旗草原。

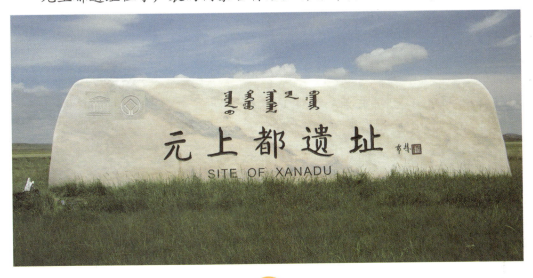

六、我国拥有的37项非物质文化遗产（1—15）

　　说到"非物质文化遗产"，这个名词也许你听说过，但是你知道它具体指的是什么吗？首先，让我们来了解一下它真正的含义吧。

　　根据联合国教科文组织《保护非物质文化遗产公约》定义：非物质文化遗产指被各群体、团体、有时为个人所视为其文化遗产的各种实践、表演、表现形式、知识体系和技能及其有关的工具、实物、工艺品和文化场所。各个群体和团体随着其所处环境、与自然界的相互关系和历史条件的变化不断使这种代代相传的非物质文化遗产得到创新，同时使他们自己具有一种认同感和历史感，从而促进文化多样性和激发人类的创造力。

　　我国是一个多民族的国家，它拥有悠久的历史和灿烂的古代文明，留下了丰富的文化遗产。截至2013年12月，中国入选联合国教科文组织非物质文化遗产名录的项目总数已达到37项，成为世界上入选"非遗"项目最多的国家。

1. 昆曲

　　昆曲起源于元朝末年的昆山地区，至今已有600多年历史。昆曲是中国汉族传统戏曲中最古老的剧种之一，被称为戏曲百花园中的一朵"兰花"。

2.古琴艺术

古琴，也被称为是瑶琴、玉琴、七弦琴，是中国最古老而且最富有民族色彩的弹拨乐器，也是最古老、最纯粹的华夏本土乐器，具有深厚的民族文化色彩，位列"琴棋书画"之首。

3.新疆维吾尔木卡姆艺术

新疆维吾尔木卡姆艺术是一种集歌、舞、乐于一体的大型综合古典音乐艺术形式。它是流传于新疆各维吾尔族聚居区的"十二木卡姆""刀郎木卡姆""吐鲁番木卡姆""哈密木卡姆"等的总称。

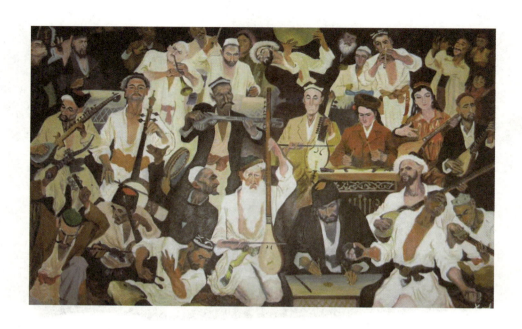

4. 蒙古族长调民歌（中国、蒙古国联合申报）

蒙古族长调民歌早在蒙古族形成时期就已经存在，它与草原游牧生活方式息息相关，是一种具有鲜明游牧文化和地域文化特征的独特演唱形式，是蒙古族生产生活和精神性格的标志性展示。

5. 粤剧

粤剧是用粤语演唱的戏剧样式，是汉族传统戏曲之一。粤剧的名称，虽在清光绪年间才出现，但其起源却可以追溯到400多年前的明代中叶。

6. 中国蚕桑丝织技艺

蚕桑丝织是中国的伟大发明，是中华民族认同的文化标识。这一遗产包括栽桑、养蚕、缫丝、染色和丝织等整个过程的生产技艺，其间所用到的各种巧妙精到的工具和织机，以及由此生产出来的绚丽多彩的绫绢、纱罗、织锦和缂丝等丝绸产品，同时也包括这一过程中衍生出来的相关民俗活动。

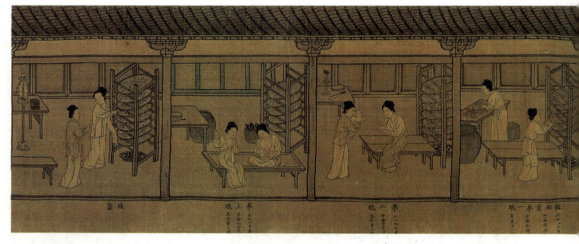

蚕织图长卷（局部）

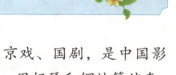

7. 京剧

　　京剧，中国五大戏曲剧种之一，又称平剧、京戏、国剧，是中国影响最大的戏曲剧种。京剧的腔调以西皮、二黄为主，用胡琴和锣鼓等伴奏，以程式化象征性的虚拟表演为特色，注重于手、眼、身、法、步的综合运用，表达了传统中国社会的戏剧美学理念。

8. 朝鲜族农乐舞

　　中国朝鲜族农乐舞是集演奏、演唱、舞蹈于一体，反映传统农耕生产生活中祭祀祈福、欢庆丰收的民间表演艺术。

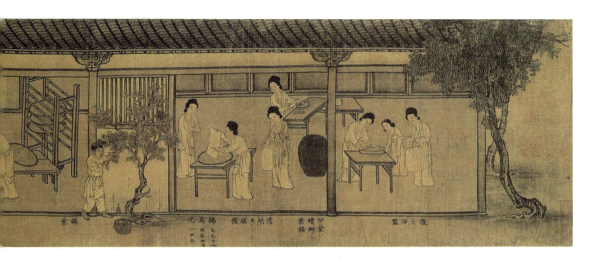

9. 宣纸传统制作技艺

　　造纸术是中国古代四大发明之一。宣纸是传统手工纸的杰出代表，具有质地绵韧、不蛀不腐等特点，居文房四宝之首。自唐代以来，它一直是书法、绘画及典籍印刷的最佳载体，至今仍不能为机制纸所替代。

10.珠算

　　珠算是以算盘为工具进行数字计算的一种方法，被誉为中国的第五大发明，伴随中国人经历了 1800 多年的漫长岁月。

11.藏戏

　　藏戏是戴着面具、以歌舞演故事的藏族戏剧，形成于 14 世纪，流传于青藏高原。常演剧目为八大传统藏戏，内容大都是佛经中劝善惩恶的神话传说。

12. 西安鼓乐

　　西安鼓乐，也称长安古乐、西安古乐。它是流传在西安及周边地区的鼓吹乐。乐队编制分敲击乐器与旋律乐器两大类，演奏形式分为坐乐和行乐。

13. 热贡艺术

　　热贡艺术主要指唐卡、壁画、堆绣、雕塑等佛教造型艺术，是藏传佛教的重要艺术流派。发源于13世纪的热贡艺术，它的主要内容是以佛教本生故事、历史人物和神话传说等为主。在悠久的历史长河中，热贡艺术承载着热贡文化的历史发展脉络，是相关地区广大民众生产生活的重要组成部分。

四臂观音唐卡

14. 南音

南音也被称为"弦管""泉州南音",是集唱、奏于一体的表演艺术,是中国现存最古老的乐种之一。两汉、晋、唐、两宋等朝代的中原汉族的移民把音乐文化带入以泉州为中心的闽南地区,并与当地民间音乐融合,逐渐形成了南音这种具有中原古乐遗韵的音乐形态。

15. 中国书法

中国书法是以笔、墨、纸等为主要工具材料,通过汉字书写,在完成信息交流实用功能的同时,以特有的造型符号和笔墨韵律,融入人们对自然、社会、生命的思考,从而表现出中国人特有的思维方式、人格精神与性情志趣的一种艺术实践。

第二章
中华民族优秀文化积累

第一节　谦辞敬语

　　中国是历史悠久的礼仪之邦，汉语中有许多敬辞和谦辞。敬辞，即表示对别人敬重的词语；谦辞，则是用于自我表示谦恭的词语。千百年来，中国人在人际交往中使用敬辞和谦辞，充分体现了我们中华礼仪之邦的特点，也体现了中国人的文化修养。

　　贵庚：问人年龄。
　　贵恙：问对方的病况。
　　斧正：请人修改诗文。
　　违教：指离开某人后未见面。
　　雅教：称对方对自己的指教。
　　拜教：恭敬地接受教诲。
　　谨悉：恭敬地知道。

歉难：因不能满足对方的要求而表示歉意。

鼎力：大力。

迭函：屡次发信。

惠赠：指对方赠予（财物）。

家父：对别人称自己的父亲。

家母：对别人称自己的母亲。

见教：指教（我），如"有何见教"。

见谅：表示请人谅解。

借光：用于请别人给自己方便或向人询问。

进言：向人提意见，如"向您进一言""大胆进言"。

垂爱：称对方（多指长辈或上级）对自己的爱护。

久违：好久没见。

久仰：仰慕已久（初次见面时说）。

劳驾：用于请别人做事或让路。

令堂：称对方的母亲。

令尊：称对方的父亲。

留步：用于主人送客时，客人请主人不要送出去。

斗胆：形容大胆。

高堂：指父母。

割爱：放弃心爱的东西。

光顾：商家多用以欢迎顾客。

光临：称宾客来到。

海涵：大度包容（多用于请人特别原谅时）。

第二节 常言俗语

在民间口耳相传的常言俗语是我们祖先宝贵生活经验的总结，蕴含着深刻的人生智慧。让我们一起来读读吧！

一、道理记心中

有理不在声高。

要想公道，打个颠倒。

煮饭要放米，讲话要讲理。

灯不拨不亮，理不辩不明。

认理不认人，帮理不帮亲。

走路怕暴雨，说话怕输理。

水不平要流，理不平要说。

水退石头在，好人说不坏。

有理走遍天下，无理寸步难行。

井越淘水越清，事越摆理越明。

有理不怕势来压，人正不怕影子斜。

天上无云不下雨，世间无理事不成。

二、我爱我的家

百善孝为先。

儿行千里母担忧。

上梁不正下梁歪。

家有一老，胜有一宝。

在家敬父母，强如远烧香。

子不嫌母丑，狗不嫌家贫。

不听老人言，吃亏在眼前。

宁忍自己气，莫伤父母心。

不怕家里穷，只怕出懒虫。

小孩不准惯，给个馒头要瓣蒜。

不当家不知柴米贵，不养儿不知父母恩。

三、团结与互助

家和万事兴。

人心齐，泰山移。

两虎相斗，必有一伤。

孤雁难飞，孤掌难鸣。

滴水不成海，独木不成林。

在家靠父母，出门靠朋友。

众人一条心，黄土变成金。

鱼不能离水，雁不能离群。

天时不如地利，地利不如人和。

一人拾柴火不旺，众人拾柴火焰高。

一个篱笆三个桩，一个好汉三个帮。

四、学习需努力

处处留心皆学问。

书到用时方恨少。

好记性不如烂笔头。

书读百遍，其义自见。

只要有恒心，铁杵磨成针。

吃得苦中苦，方为人上人。

读书破万卷，下笔如有神。

学如逆水行舟，不进则退。

师傅领进门，修行在个人。

一寸光阴一寸金，寸金难买寸光阴。

花儿还有重开日，人生没有再少年。

黑发不知勤学早，白首方悔读书迟。
书山有路勤为径，学海无涯苦作舟。

五、真心做朋友

人要实，火要虚。
得饶人处且饶人。
金无足赤，人无完人。
交人交心，浇花浇根。
人心换人心，八两换半斤。

你敬我一尺，我敬你一丈。
交友无贫富，情义重千金。
路遥知马力，日久见人心。
人是实的好，姜是老的辣。
岁寒知松柏，患难见真情。
良药苦口利于病，忠言逆耳利于行。
良言一句三冬暖，恶语伤人六月寒。

六、天地大自然

无风不起浪。
星星明，来日晴。
树挪死，人挪活。
树欲静而风不止。
流水不腐，户枢不蠹。
春生夏长，秋收冬藏。
前人栽树，后人乘凉。
人往高处走，水往低处流。
近水楼台先得月，向阳花木早逢春。
冰冻三尺非一日之寒，滴水石穿非一日之功。

第三节 诗词佳句

古往今来，很多文人词客留下了千古佳句。它们历经时代的变迁，传承千年而不朽。

1. 李白

李白，字太白，号青莲居士，是唐代伟大的浪漫主义诗人，被后人誉为"诗仙"。

1. 天生我材必有用，千金散尽还复来。（《将进酒》）

2. 抽刀断水水更流，举杯消愁愁更愁。（《宣州谢朓楼饯别校书叔云》）

3. 一夫当关，万夫莫开。（《蜀道难》）

4. 飞流直下三千尺，疑是银河落九天。（《望庐山瀑布》）

5. 床前明月光，疑是地上霜。举头望明月，低头思故乡。（《静夜思》）

2. 杜甫

杜甫，字子美，盛唐时期伟大的现实主义诗人。杜甫忧国忧民，人格高尚，诗艺精湛，被后世尊称为"诗圣"。

1. 读书破万卷，下笔如有神。（《奉赠韦左丞丈二十二韵》）

2. 朱门酒肉臭，路有冻死骨。（《自京赴奉先县咏怀五百字》）

3. 挽弓当挽强，用箭当用长。射人先射马，擒贼先擒王。

（《前出塞九首》）

4. 文章千古事，得失寸心知。（《偶题》）

5. 两个黄鹂鸣翠柳，一行白鹭上青天。（《绝句四首（其三）》）

3. 苏轼

苏轼，字子瞻，号东坡居士，眉州眉山人，宋代文学家，"唐宋八大家"之一。

1. 竹外桃花三两枝，春江水暖鸭先知。（《惠崇春江晚景二首》）
2. 欲把西湖比西子，淡妆浓抹总相宜。（《饮湖上初晴后雨二首》）
3. 大江东去，浪淘尽，千古风流人物。（《念奴娇·赤壁怀古》）
4. 不识庐山真面目，只缘身在此山中。（《题西林壁》）
5. 明月几时有？把酒问青天。（《水调歌头》）
6. 但愿人长久，千里共婵娟。（《水调歌头》）

4. 王安石

王安石，字介甫，号半山，中国历史上杰出的政治家、文学家、思想家，"唐宋八大家"之一。

1. 春风又绿江南岸，明月何时照我还？（《泊船瓜洲》）

2. 千门万户曈曈日，总把新桃换旧符。（《元日》）

3. 遥知不是雪，为有暗香来。（《梅花》）

4. 一水护田将绿绕，两山排闼送青来。（《书湖阴先生壁二首》）

5. 浓绿万枝红一点，动人春色不须多。（《咏石榴花》）

5. 陆游

陆游，字务观，号放翁，南宋爱国诗人、词人。与王安石、苏轼、黄庭坚并称"宋代四大诗人"，又与杨万里、范成大、尤袤并称"南宋四大家"。

1. 王师北定中原日，家祭无忘告乃翁。（《示儿》）
2. 山重水复疑无路，柳暗花明又一村。（《游山西村》）
3. 文章本天成，妙手偶得之。（《文章》）
4. 小楼一夜听春雨，深巷明朝卖杏花。（《临安春雨初霁》）
5. 平生铁石心，忘家思报国。（《太息·宿青山铺作》）

李清照，号易安居士。宋代（两宋之交）女词人，婉约词派代表，有"千古第一才女"之称。

1. 生当作人杰，死亦为鬼雄。（《夏日绝句》）

2. 此情无计可消除，才下眉头，却上心头。（《一剪梅》）

3. 莫道不销魂，帘卷西风，人比黄花瘦。（《醉花阴》）

4. 知否，知否？应是绿肥红瘦。（《如梦令》）

7. 曹雪芹

曹雪芹，号芹溪、梦阮，清代著名小说家。

1. 假作真时真亦假，无为有处有还无。
2. 机关算尽太聪明，反误了卿卿性命。
3. 心病终须心药治，解铃还须系铃人。
4. 万两黄金容易得，知心一个也难求。
5. 世事洞察皆学问，人情练达即文章。
6. 偷来梨蕊三分白，借得梅花一缕魂。

第四节　格言警句

中华民族自古重视人的道德修养，主张通过自身的学习，成为高尚的人，有理想的人。让我们通过下面这些格言警句，感受先贤的智慧与精神。

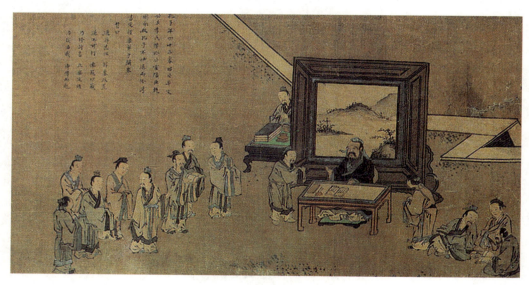

孔子圣迹图

1. 言者无罪，闻者足戒。　　　　　　　　　　（《诗经·大序》）
2. 天作孽，犹可违，自作孽，不可活。　　　　（《尚书·太甲》）
3. 满招损，谦受益。　　　　　　　　　　　（《尚书·大禹谟》）
4. 人非圣贤，孰能无过？过而能改，善莫大焉。

　　　　　　　　　　　　　　　　　　　（《左传·宣公二年》）
5. 知人者智，自知者明。　　　　　　　　　（《老子》三十三章）

6. 祸兮福之所倚，福兮祸之所伏。

  （《老子》五十八章）

7. 合抱之木，生于毫末；九层之台，起于累土；千里之行，始于足下。

  （《老子》六十四章）

8. 敏而好学，不耻下问。

  （《论语·公冶长》）

9. 学而不思则罔，思而不学则殆。

  （《论语·为政》）

10. 知之者不如好之者，好之者不如乐之者。 （《论语·雍也》）

11. 三人行，必有我师焉：择其善者而从之，其不善者而改之。

  （《论语·述而》）

12. 以力服人者，非心服也，力不赡也；以德服人者，中心悦而诚服矣。

  （《孟子·公孙丑上》）

13. 天时不如地利，地利不如人和。 （《孟子·公孙丑下》）

14. 学不可以已。 （《荀子·劝学》）

15. 身劳而心安，为之；利少而义多，为之。 （《荀子·修身》）

第五节 千字文

　　《千字文》原名《次韵王羲之书千字》，乃童蒙读物，为南朝周兴嗣所撰，因辑录书法家王羲之笔迹不同的字1000个，故得名。全书为四言韵语，共250句，行文流畅，气势磅礴，辞藻华丽，使得众多童蒙读物都无法望其项背。内容上它涵盖了自然、社会、历史、地理、教育等方面的知识，称得上是一部简约生动的小百科全书。此书自隋朝开始流行，因为传抄甚广，以至于文书编卷的数目常常采用"天地玄黄……"来代替。

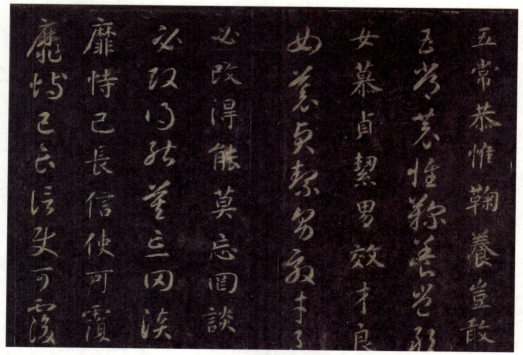

智永书真草千字文

天地玄黄　　宇宙洪荒
日月盈昃　　辰宿列张

【注释】

盈：月光圆满。

昃（zè）：太阳西斜。

宿（xiù）：我国天文学家将天空中某些星的集合体叫作"宿"。

【大意】

天是青黑色的，地是黄色的，宇宙形成于混沌蒙昧的状态中。太阳正了又斜，月亮圆了又缺，星辰布满在无边的太空中。

寒来暑往　　秋收冬藏
闰余成岁　　律吕调阳

【注释】

律吕：中国古代将一个八度分为十二个不完全相等的半音，从低到高依次排列，每个半音称为一律，其中奇数各律叫作"律"，偶数各律叫作"吕"，总称"六律""六吕"，简称"律吕"。相传黄帝时伶伦制乐，用律吕以调阴阳。

【大意】

寒暑循环变换，来了又去，去了又来；秋天收割庄稼，冬天储藏粮食。积累数年的闰余并成一个月，放在闰年里；古人用六律六吕来调节阴阳。

云腾致雨　　露结为霜
金生丽水　　玉出昆冈

【注释】

丽水：即丽江，又名金沙江，出产黄金。

昆冈：昆仑山。

【大意】

云气上升遇冷就形成了雨，夜里露水遇冷就凝结成霜。黄金产在金沙江，玉石出在昆仑山。

剑号巨阙　　珠称夜光
果珍李柰　　菜重芥姜

【注释】

巨阙：古代宝剑名，相传为春秋时期铸剑名师欧冶子所铸。

夜光：《搜神记》中说，隋侯救了一条受伤的大蛇，后来大蛇衔来一颗珍珠报答他的恩情，那珍珠夜间放射出的光辉能照亮整个殿堂，因此人称"夜光珠"。

柰（nài）：果木名，落叶小乔木，花白色，果小。

【大意】

最锋利的宝剑叫"巨阙"，最贵重的明珠叫"夜光"。水果里最珍贵的是李子和柰子，蔬菜中最重要的是芥菜和生姜。

海咸河淡　　鳞潜羽翔
龙师火帝　　鸟官人皇

【注释】

龙师：相传伏羲氏用龙给百官命名，因此叫他"龙师"。

火帝：相传神农氏用火给百官命名，因此叫他"火帝"。

鸟官：相传少昊（hào）氏用鸟给百官命名，因此叫他"鸟官"。

人皇：传说中的三皇之一，有九个头，乘着云车，驾着六只大鸟。

【大意】

海水是咸的，河水是淡的，鱼儿在水中潜游，鸟儿在空中飞翔。龙师、火帝、鸟官、人皇，这都是上古时代的首领。

始制文字　　乃服衣裳
推位让国　　有虞陶唐

【注释】

有虞：这里指舜，又称虞舜，传说中的上古部落联盟首领。

陶唐：这里指尧，又称唐尧。

【大意】

仓颉（jié）创制了文字，嫘（léi）祖制作了衣裳。唐尧、虞舜英明无私，主动把君位禅（shàn）让给功臣贤人。

吊民伐罪　　周发殷汤
坐朝问道　　垂拱平章

【注释】

周发：西周的第一个君主武王姬（jī）发，他讨伐暴君商纣王而建立周朝。

殷汤：历史上商朝又称殷，成汤是第一个君主，他讨伐夏朝暴君桀（jié）而建立商朝。

垂拱：语出《尚书·武成》："淳信明义，崇德报功，垂拱而天下治。"意思是不做什么而天下太平。

平章：辨别彰明。

【大意】

周武王姬发和商王成汤安抚百姓，讨伐暴君。贤明的君主坐在朝廷上向大臣们询问治国之道，垂衣拱手，辨别彰明，毫不费力就能使天下太平。

爱育黎首　　臣伏戎羌
遐迩一体　　率宾归王

【注释】

遐迩（xiá ěr）：指远近。

【大意】

他们爱抚、体恤老百姓，使四方各族人俯首称臣。普天之下都统一成了一个整体，所有的老百姓都服服帖帖地归顺于他的统治。

鸣凤在竹　　白驹食场
化被草木　　赖及万方

【注释】

驹（jū）：小马。

被（pī）：通"披"，覆盖。

【大意】

凤凰在竹林中欢乐地鸣叫，小白马在草场上自由自在地吃着草。圣君贤王的仁德之治使草木都沾受了恩惠，恩泽遍及天下百姓。

盖此身发　　四大五常
恭惟鞠养　　岂敢毁伤

【注释】

盖：发语词，无实义。

四大：道家以道、天、地、王为"四大"，佛教以地、水、火、风为"四大"，儒家以天、地、亲、师为"四大"。

五常：指仁、义、礼、智、信。

鞠（jū）养：抚养，养育。

人的身体发肤分属于"四大"，一言一动都要符合"五常"。诚敬地想着父母养育之恩，哪里还敢毁坏损伤它。

女慕贞洁　　男效才良
知过必改　　得能莫忘

【大意】

女子要仰慕那些持身严谨的贞妇洁女，男子要仿效那些有才能有道德的人。知道自己有过错，一定要改正；适合自己干的事，不要放弃。

罔谈彼短　　靡恃己长
信使可覆　　器欲难量

【注释】

罔（wǎng）：无，不，没有。

靡（mǐ）：无，不，没有。

恃（shì）：依赖，依仗。

【大意】

不要谈论别人的短处，也不要依仗自己有长处就不思进取。诚实的话要经得起考验，器度要大，让人难以估量。

墨悲丝染　　诗赞羔羊
景行维贤　　克念作圣

【注释】

墨：墨子，名翟，鲁国人（一说宋国人），战国初期思想家，墨家学派创始人。他看见匠人把白丝放进染缸里染色，悲叹道："染于苍则苍，染于黄则黄。"强调人要注意抵御不良环境的影响，保持天生的善性。

羔羊：语出《诗经·召南·羔羊》："羔羊之皮，素丝五紽。"通过咏羔羊毛色的洁白如一，来赞颂君子的"节俭正直，德如羔羊"。

景行：语出《诗经·小雅·车辖》："高山仰止，景行行止。"

【大意】

墨子悲叹白丝被染上了杂色，《诗经》赞颂羔羊能始终保持洁白如一。要仰慕圣贤的德行，要克制私欲，努力仿效圣人。

德建名立　　形端表正
空谷传声　　虚堂习听

【注释】

习：长期反复地做。

【大意】

养成了好的道德，就会有好的名声；就如同形体端庄了，仪表就正直了一样。空旷的山谷中呼喊声传得很远，宽敞的厅堂里说话声非常清晰。

祸因恶积　　福缘善庆
尺璧非宝　　寸阴是竞

【注释】

祸、福二句：语出《周易·坤·文言》："积善之家，必有余庆；积不善之家，必有余殃。"

【大意】

灾祸是作恶多端的结果，福禄是乐善好施的回报。一尺长的美玉不能算是真正的宝贝，而即使是片刻时光也值得珍惜。

资父事君　　曰严与敬
孝当竭力　　忠则尽命

【注释】

事：侍奉。

【大意】

奉养父亲，侍奉君主，要严肃而恭敬。孝顺父母应当竭尽全力，忠于君主要不惜献出生命。

临深履薄　　夙兴温凊
似兰斯馨　　如松之盛

【注释】

夙兴："夙兴夜寐"的省略。夙，早。

温凊（qìng）："冬温夏凊"的省略。凊，凉。

【大意】

要"如临深渊，如履薄冰"那样小心谨慎；要早起晚睡，侍候父母让他们感到冬暖夏凉。让自己的德行像兰草那样清香，像松柏那样茂盛。

川流不息　　渊澄取映
容止若思　　言辞安定

【大意】

要像大河川流不息，像碧潭清澄照人。仪容举止要沉静安详，言语措辞要稳重，显得从容沉静。

笃初诚美　　慎终宜令
荣业所基　　籍甚无竟

【注释】

笃（dǔ）：忠实，诚信。

籍甚：盛大，多。

【大意】

无论修身、求学，重视开头固然不错，认真去做，有好的结果更为重要。这是一生荣誉和事业的基础，有此根基，发展就没有止境。

学优登仕　　摄职从政
存以甘棠　　去而益咏

【注释】

学优：《论语》有"学而优则仕"之语。

摄（shè）：代理。

甘棠：即棠梨。

【大意】

书读好了就能做官，可以行使职权参加国政。周人怀念召伯的德政，召公活着时曾在甘棠树下理政，他过世后老百姓对他更加怀念歌咏。

乐殊贵贱　　礼别尊卑
上和下睦　　夫唱妇随

【大意】

音乐要根据人们身份的不同而有所不同，礼节要根据人们地位的不同而有所区别。上下要和睦相处，夫妇要一唱一随，协调和谐。

外受傅训　　入奉母仪
诸姑伯叔　　犹子比儿

【大意】

在外接受师傅的训诲，在家遵从父母的教导。对待姑姑、伯伯、叔叔等长辈，要像是他们的亲生子女一样。

孔怀兄弟　　同气连枝
交友投分　　切磨箴规

【注释】

孔怀：出自《诗经·小雅·常棣》："死丧之威，兄弟孔怀。"后来多用"孔怀"来代指"兄弟"。

切磨：本指加工玉石等器物，此引申为学问上的探讨研究。

箴（zhēn）规：劝诫，劝勉。

【大意】

兄弟之间要相互关心，因为同受父母血气，如同树枝相连。结交朋友要意气相投，要能在学习上切磋琢磨，在品行上互相劝勉。

仁慈隐恻　　造次弗离
节义廉退　　颠沛匪亏

【注释】

隐恻（yǐn cè）：怜悯，同情。

颠沛（diān pèi）：跌倒，比喻处境窘迫困顿。

匪（fěi）：非，不是。

【大意】

仁义、慈爱，对人的恻隐之心，在任何时候、任何地方都不能抛离。气节、正义、廉洁、谦让这些品德，在最穷困潦倒的时候也不可亏缺。

性静情逸　　心动神疲
守真志满　　逐物意移

【大意】

　　保持内心清静平定，情绪就会安逸舒适；心为外物所动，精神就会疲惫困倦。保持自己天生的善性，愿望就可以得到满足；追求物欲享受，善性就会转移改变。

坚持雅操　　好爵自縻
都邑华夏　　东西二京

【注释】

　　縻（mǐ）：牵系，拴住，系住。
　　邑（yì）：国都，京城。

【大意】

　　坚定地保持着高雅情操，好的爵位自然就会属于你。都城华美壮观，有东京洛阳和西京长安。

背邙面洛　　浮渭据泾
宫殿盘郁　　楼观飞惊

【注释】

邙（máng）：山名，北邙山，在河南省。

【大意】

洛阳北靠邙山，面临洛水；长安北横渭水，远据泾河。宫殿回环曲折，楼台宫阙凌空欲飞，使人心惊。

图写禽兽　　画彩仙灵
丙舍傍启　　甲帐对楹

【注释】

丙舍：宫中别室。

甲帐：汉武帝时所造的帐幕。

【大意】

宫殿里画着飞禽走兽，还有彩绘的天仙神灵。正殿两边的配殿从侧面开启，豪华的帐幕对着高高的楹柱。

肆筵设席　　鼓瑟吹笙
升阶纳陛　　弁转疑星

【注释】

笙（shēng）：簧管乐器。

陛（bì）：帝王宫殿的台阶。

弁（biàn）：古时的一种官帽，通常配礼服用。

【大意】

宫殿里摆着酒席，弹琴吹笙一片欢腾。官员们上下台阶互相祝酒，珠帽转动，像满天的星斗。

右通广内　　左达承明
既集坟典　　亦聚群英

【注释】

广内：指帝王书库。

承明：古代天子左右路寝称承明，因承接明堂之后，故称。

坟：指《三坟》，记载三皇事迹的书。

典：指《五典》，记载五帝事迹的书。

【大意】

右面通向用以藏书的广内殿，左面到达朝臣休息的承明殿。这里收藏了很多的典籍名著，也聚集着成群的文武英才。

杜稿钟隶　　漆书壁经
府罗将相　　路侠槐卿

【注释】

杜稿：杜度的草书手稿。

钟隶：钟繇（yóu）的隶书真迹。

漆书：汲县魏安釐王墓中发掘出来的漆书。

壁经：汉代鲁恭王在曲阜孔庙墙壁里发现的古文经书。

侠：同"夹"。

【大意】

　　里边有杜度草书的手稿和钟繇隶书的真迹，有从汲县魏安釐王墓中发掘出来的漆写古书，以及汉代鲁恭王在曲阜孔庙墙壁内发现的古文经书。宫廷内将相依次排成两列，宫廷外大夫公卿夹道站立。

户封八县　　家给千兵
高冠陪辇　　驱毂振缨

【注释】

辇（niǎn）：古时用人拉或推的车。

毂（gǔ）：泛指车。

【大意】

他们每家都有八县以上的封地，还有上千名的侍卫武装。戴着高大帽子的官员们陪着皇帝出游，驾着车马，帽带飘舞着，好不威风。

世禄侈富　　车驾肥轻
策功茂实　　勒碑刻铭

【大意】

他们的子孙世代领受俸禄，奢侈豪富，出门时轻车肥马，春风得意。朝廷还详尽确实地记载他们的功德，刻在碑石上流传后世。

磻溪伊尹　　佐时阿衡
奄宅曲阜　　微旦孰营

【注释】

磻（pān）溪：指姜太公吕尚。吕尚在磻溪钓鱼，遇文王，拜为太师，辅佐周武王灭商。

伊尹：原为有莘（shēn）氏女的陪嫁奴隶，商汤用为小臣，后来任以国政，辅佐商汤灭夏桀。

阿衡：商朝官名，相当于宰相。

旦：周公姬旦。

周武王磻溪遇吕尚，尊他为"太公望"；伊尹辅佐时政，商汤王封他为"阿衡"。周成王占领了古奄国曲阜一带地面，要不是周公旦辅政哪里能成？

桓公匡合　　济弱扶倾

绮回汉惠　　说感武丁

【注释】

匡（kuāng）：正，纠正，端正。

绮（qǐ）：绮里季，商山四皓之一。汉惠帝做太子时，汉高祖想废掉他另立太子。吕后用张良的计策，厚礼迎来商山四皓，使他们与太子相处。汉高祖看到惠帝羽翼已成，就打消了另立太子的念头。

说（yuè）：傅说。傅说原是傅岩搞版筑的奴隶，殷高宗武丁梦见了他，便画像访求，找到后用为宰相。

齐桓公匡正天下诸侯，都打着"帮助弱小""拯救危亡"的旗号。汉惠帝做太子时靠绮里季才幸免废黜，商君武丁感梦而得贤相傅说。

俊乂密勿　　多士寔宁
晋楚更霸　　赵魏困横

【注释】

乂（yì）：治理，安定。

横：连横。战国时，苏秦说游（shuì）六国联合拒秦，史称"合纵"。张仪主和拆散合纵，使六国一个个服从秦国，称为"连横"。由于连横，秦国采取远交近攻政策，首先打击赵、魏，所以说"赵魏困横"。

【大意】

贤才的勤奋谨慎，换来了百官的各安其位。晋文公、楚庄王先后称霸，赵国、魏国受困于连横。

假途灭虢　　践土会盟
何遵约法　　韩弊烦刑

何：萧何，汉高祖丞相。《史记·萧相国世家》说他"以文无害"，"奉法顺流"。《汉书·刑法志》说他收拾秦法，"取其宜于时者，作律九章"。这里大意是说萧何轻刑简法。

韩：韩非。《史记·老庄申韩列传》说李斯、姚贾毁谤韩非，劝秦始皇"以过法诛之"。

弊：作法自毙。

【大意】

晋国向虞国借路去消灭虢国，晋文公在践土召集诸侯歃血会盟。萧何遵奉汉高祖简约的法律，韩非惨死在他自己所主张的苛刑之下。

> 起翦颇牧　　用军最精
> 宣威沙漠　　驰誉丹青

【大意】

秦将白起、王翦，赵将廉颇、李牧，用兵作战最为精通。他们的声威远扬到北方的沙漠，美名和肖像永远流传在千古史册之中。

九州禹迹　　百郡秦并
岳宗泰岱　　禅主云亭

【注释】

泰岱（dài）：指泰山。

【大意】

九州之内都留下了大禹治水的足迹，全国各郡在秦并六国后归于统一。五岳以泰山为尊，历代帝王都在云山和亭山主持禅礼。

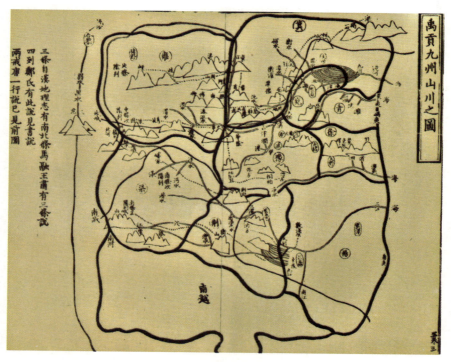

九州山川图

雁门紫塞　　鸡田赤城
昆池碣石　　钜野洞庭

【注释】

紫塞：北方边塞，这里指长城。

鸡田：西北塞外地名。

赤城：山名，在浙江省天台县北，为天台山南门。

昆池：即昆明滇池。

碣（jié）石：在河北乐亭县东，今沉入渤海。

钜野：古湖泽名，在今山东省。

【大意】

　　名关有北疆雁门，要塞有万里长城，驿站有边地鸡田，奇山有天台赤城。赏池赴昆明滇池，观海临河北碣石，看泽去山东钜野，望湖上湖南洞庭。

旷远绵邈　　岩岫杳冥
治本于农　　务兹稼穑

【注释】

绵邈（miǎo）：连绵遥远的样子。

岫（xiù）：山洞。

杳冥：昏暗幽深。

稼穑（jià sè）：种植和收割。泛指农业劳动。

中国的土地辽阔遥远，没有穷极，名山奇谷幽深秀丽，气象万千。把农业作为治国的根本，一定要做好播种与收获。

俶载南亩　　我艺黍稷
税熟贡新　　劝赏黜陟

【注释】

俶（chù）：开始。

载：从事。

黍稷（shǔ jì）：植物名。

黜（chù）：贬职，罢免。

陟（zhì）：晋升，奖励。

【大意】

一年的农活该开始干起来了，种植着小米和黄米。收获季节，用刚熟的新谷交纳税粮，庄稼种得好的受到表彰和赏赐，种得不好的就要受到处罚。

孟轲敦素　　史鱼秉直
庶几中庸　　劳谦谨敕

【大意】

孟子崇尚朴素，史官子鱼秉性刚直。做人要尽可能合乎中庸的标准，必须勤劳谦逊，谨慎检点，懂得规劝告诫自己。

聆音察理　　鉴貌辨色
贻厥嘉猷　　勉其祗植

【注释】

贻（yí）：遗留。

厥（jué）：其。

猷（yóu）：计划，谋划。

祗（zhī）：恭敬。

植：立身于不败之地。

【大意】

听人说话要审察其中的道理，看人容貌要看出他的心情。要给人家留下正确高明的忠告或建议，勉励别人谨慎小心地处世立身。

省躬讥诫　　宠增抗极
殆辱近耻　　林皋幸即

【注释】

皋（gāo）：水边的高地。

听到别人的讥讽告诫，要反省自身；备受恩宠不要得意忘形，对抗权尊。如果知道有危险耻辱的事快要发生就退隐山林，还可以幸免于祸。

两疏见机　　解组谁逼
索居闲处　　沉默寂寥

【大意】

汉代疏广、疏受叔侄见机归隐，有谁逼迫他们辞去官职呢？离群独居，悠闲度日，整天不用多费唇舌，清静无为岂不是好事？

求古寻论　　散虑逍遥
欣奏累遣　　戚谢欢招

【大意】

探求古人古事，读点至理名言，就可以排除杂念，自在逍遥。轻松的事凑到一起，费力的事丢在一边，消除不尽的烦恼，得来无限的快乐。

渠荷的历　　园莽抽条
枇杷晚翠　　梧桐蚤凋

【注释】

的历：光彩烂灼的样子。

蚤：通"早"。

【大意】

池塘中的荷花开得多么鲜艳，园林内的青草抽出嫩芽。到了冬天枇杷叶子还是绿的，梧桐一到秋天叶子就凋落了。

陈根委翳　　落叶飘摇
游鹍独运　　凌摩绛霄

【注释】

翳（yì）：遮蔽，掩盖。

鹍（kūn）：即鹍鸡，古书上指像鹤的一种鸟。

【大意】

老树根蜿蜒曲折，落叶在秋风里四处飘荡。只有远游的鲲鹏独立翱翔，直冲布满彩霞的云霄。

耽读玩市　　寓目囊箱
易辎攸畏　　属耳垣墙

【注释】

囊（náng）：口袋。

辎（yóu）：一种轻便的车子。

攸（yōu）：所。

垣（yuán）：矮墙，也泛指墙。

【大意】

汉代王充在街市上沉迷留恋于读书，眼睛注视的全是书袋和书籍。换了轻便的车子要注意危险，说话要防止隔墙有耳。

具膳餐饭　　适口充肠
饱饫烹宰　　饥厌糟糠

【大意】

平时的饭菜，要适合口味，让人吃得饱。饱的时候自然满足于大鱼大肉，饿的时候应当满足于粗菜淡饭。

亲戚故旧　　老少异粮
妾御绩纺　　侍巾帷房

【注释】

绩纺：泛指纺纱、绩麻等事。

帷房：内房。

【大意】

亲属、朋友会面要盛情款待，老人、小孩的食物应和自己不同。小妾婢女要管理好家务，尽心恭敬地服侍好主人。

纨扇圆絜　　银烛炜煌
昼眠夕寐　　蓝笋象床

【注释】

纨（wán）：很细的丝织品。

絜（jié）：通"洁"。

【大意】

圆圆的绢扇洁白素雅，白白的蜡烛明亮辉煌。白日小憩，晚上就寝，有青篾编成的竹席和象牙雕屏的床榻。

弦歌酒宴　　接杯举觞
矫手顿足　　悦豫且康

【注释】

觞（shāng）：酒杯。

【大意】

奏着乐，唱着歌，摆酒开宴；接过酒杯，开怀畅饮。情不自禁地手舞足蹈，真是又快乐又安康。

嫡后嗣续　　祭祀烝尝
稽颡再拜　　悚惧恐惶

【注释】

嫡（dí）：正妻。

烝（zhēng）尝：代指四时祭祀。

稽颡（qǐ sǎng）：屈膝下拜，以额触地的一种跪拜礼，表示极度的虔诚和感谢。

【大意】

子孙一代一代传续，四时祭祀不能懈怠。跪着磕头，拜了又拜；礼仪要周全恭敬，心情要悲痛虔诚。

笺牒简要　　顾答审详
骸垢想浴　　执热愿凉

【注释】

笺（jiān）：文书，书信。

骸（hái）：身体。

【大意】

给人的书信要简明扼要，回答别人的问题时要审慎周详。身上脏了就想洗个澡，捧着热东西就希望有风把它吹凉。

驴骡犊特　骇跃超骧
诛斩贼盗　捕获叛亡

【注释】

骡（luó）：骡子。

犊（dú）：小牛，泛指牛。

骧（xiāng）：马抬起头快跑。

诛（zhū）：杀死，铲除。

【大意】

家里有了灾祸，连驴子、骡子，大小牲口都会受惊，狂蹦乱跳，东奔西跑。官府诛杀盗贼，捕获叛乱分子和亡命之徒。

布射僚丸　嵇琴阮啸
恬笔伦纸　钧巧任钓

【注释】

布：吕布。吕布辕门射戟（jǐ），为刘备、纪灵和解。

僚：宜僚。善于弹丸。

嵇（jī）：嵇康。善弹琴咏诗。

阮（ruǎn）：阮籍。能啸。

恬（tián）：蒙恬。晋朝崔豹《古今注》说蒙恬开始用兔毫竹管做笔。

伦：蔡伦。《后汉书》记载他用树皮、麻头、破布等来造纸，人称"蔡侯纸"。

钧：马钧。三国时人，巧思，曾作指南针和龙骨水车。

任：任公子。善于钓鱼。

吕布善于射箭，宜僚善玩弹丸，嵇康善于弹琴，阮籍善于撮口长啸。蒙恬制造了毛笔，蔡伦发明了造纸，马钧发明了水车，任公子善于钓鱼。

> 释纷利俗　　并皆佳妙
> 毛施淑姿　　工颦妍笑

【注释】

工：善。

颦（pín）：皱眉。

妍（yán）：美丽。

【大意】

他们或者善于为人解决纠纷，或者善于发明创造有利于社会，这些都非常巧妙。毛嫱、西施，姿容姣美，哪怕皱着眉头，也像美美的笑。

> 年矢每催　　曦晖朗曜
> 璇玑悬斡　　晦魄环照

【注释】

矢（shǐ）：箭。

曜（yào）：照耀。

璇玑（xuán jī）：古代称北斗星的第一星至第四星。

斡（wò）：旋转。

晦魄：月亮。

青春易逝，岁月匆匆催人渐老，只有太阳的光辉永远朗照。 高悬的北斗随着四季变换转动，明晦的月光洒遍人间每个角落。

指薪修祜　　永绥吉劭

矩步引领　　俯仰廊庙

【注释】

指薪：《庄子·养生主》："指穷于为薪，火传也，不知其尽也。"意思是用木柴烧火，木柴有穷尽的时候，而火往下传，却不会灭。比喻人的肉体会死亡，而人类的生命是延续无穷的。

祜（hù）：福。

绥（suí）：平安。

劭（shào）：美好（多指道德品质）。

【大意】

顺应自然，修德积福，永远平安，多么美好。如此心地坦然，方可昂头迈步，一举一动都像在神圣的庙宇中一样仪表庄重。

束带矜庄　　徘徊瞻眺
孤陋寡闻　　愚蒙等诮

【注释】

矜（jīn）：自夸，自恃。

诮（qiào）：讥讽，嘲讽。

【大意】

衣带穿着整齐端庄，举止从容，高瞻远瞩。这些道理孤陋寡闻就不会明白，只能和愚昧无知的人一样空活一世，让人耻笑。

谓语助者　　焉哉乎也

【大意】

说到古书中的语助词嘛，那就是"焉""哉""乎"."也"了。

第六节　声律启蒙（节选）

　　《声律启蒙》成书于康熙年间。作者车万育（1632—1705），字双亭，号鹤田，湖南邵阳人。《声律启蒙》是训练儿童应对、掌握声韵格律的启蒙读物，声韵协调，朗朗上口。

上　卷

一　东

云对雨，雪对风。

晚照对晴空。

来鸿对去燕，宿鸟对鸣虫。

三尺剑，六钧弓，岭北对江东。

人间清暑殿，天上广寒宫。

两岸晓烟杨柳绿，一园春雨杏花红。

两鬓风霜，途次早行之客；

一蓑烟雨，溪边晚钓之翁。

【注释】

鸿：大雁。

钧：古代重量单位，三十斤为一钧。

清暑殿：古代宫殿名。殿中夏日常有清风，故名"清暑殿"。

广寒宫：传说中月亮上嫦娥居住的地方。

蓑（suō）：蓑衣，用草编成用来挡雨的用具。

【大意】

云和雨相对，雪和风相对。夕阳的余晖和晴空万里相对。归来的大雁对飞去的燕子，归巢栖息的鸟儿对发声鸣叫的昆虫。三尺长的宝剑，强硬的弓，山岭以北对大江东去。人间有消夏的清暑殿，天上有凄清的广寒宫。河两岸晨雾缭绕，杨柳碧绿；园子中，春雨洗涤后，杏花更显艳红。风尘仆仆的旅人，两鬓斑白，早早就起床赶路；傍晚时分，垂钓的老翁披着蓑衣，在毛毛细雨中静静垂钓。

 故事链接

嫦娥奔月

嫦娥原来是一个美丽善良的村姑，她勤劳朴实，尤其有着一颗金子般闪亮的心，总是千方百计地为百姓做好事。

有一天，嫦娥与几个女伴在小河旁洗衣服。不料，无所事事、心术不正的河神河伯正闲逛到此，觍着脸走过去跟嫦娥搭话。嫦娥见他不怀好意，便急忙躲开，可是河伯露出了狰狞的真面目，要强抢嫦娥入水。正在这危急关头，后羿拈弓搭箭，"嗖"的一声，射瞎了河伯的一只眼睛。河伯疼痛难忍，大叫一声，便跳下河去。

经过这件事，嫦娥和后羿相爱并结了婚。当然，他们并没完全沉浸在小家庭的美满快乐之中，两颗善良的心总想为乡亲们做些好事。有一年，天空出现了十个太阳，大地都快要着火了。后羿便决心要射掉那多余的九个太阳，拯救百姓于火海之中。他天天挥汗如雨，苦苦练习射术。可是，河伯对他恨之入骨，不断地前来骚扰。

有一天，一位大仙给了后羿一丸仙药，好心告诉他，河伯报仇心切，他将要面临一场大祸，如若吃了这丸药，便可摆脱人间的一切磨难和烦恼，升入月宫，但是，得能耐住孤独寂寞的煎熬。后羿听后，心绪不宁地回到家中，将大仙的话如实地告知了嫦娥，便疲倦地睡着了。嫦娥坐立不安，她在房中走来走去，看着一天比一天消瘦的丈夫，心里非常痛苦。她深爱着后羿，绝不愿他遭受任何磨难，可是，她又想到丈夫身上还肩负着射掉九个太阳的重任，正受着炙烤之灾的乡亲们需要他去拯救。嫦娥心中十分明白，河伯对于丈夫的威胁，都源于自己。想着，想着，突然，她心中闪过一个念头：为了让河伯死心，为了让丈夫排除一切杂念和干扰，全心全意地去射掉九个太阳，她决心牺牲自己。主意打定，她就急忙找出仙药，吞了下去。过了一会儿，嫦娥只觉得心中恍惚，身子突然变轻了，接着，双脚离地竟飞了起来，飞进了月亮中那寂寞、冷清的广寒宫，做了月中仙女。

　　后来，后羿日夜苦练射箭的本领，终于射掉了九个危害生灵的太阳，成为人们景仰的英雄。

二 冬

明对暗，淡对浓。

上智对中庸。

镜奁对衣笥，野杵对村春。

花灼烁，草蒙茸，九夏对三冬。

台高名戏马，斋小号蟠龙。

手擘蟹螯从毕卓，身披鹤氅自王恭。

五老峰高，秀插云霄如玉笔；

三姑石大，响传风雨若金镛。

【注释】

上智：智力突出的人。

中庸：不偏叫中，不变叫庸。儒家以中庸为最高的道德标准。

奁（lián）：女人梳妆用的镜匣。

笥（sì）：盛衣服的方形竹器。

杵（chǔ）：用以捣物的木棒。

春（chōng）：古代称为碓，春米的器具。

戏马：驰马取乐。

蟠（pán）龙：东晋大司马桓温之子桓玄的书斋名。

镛（yōng）：大钟，古乐器，奏乐时用来表示节拍。

【大意】

明和暗相对，淡和浓相对。智力突出和道德标准高相对。梳妆打扮用的镜匣对盛放衣服的竹器，捣物的木棒对春米的器具。花儿明艳，草儿蓬松纷乱，九十天的夏天对三个月的冬季。高高的弛马取乐的高台，小小的名叫蟠龙的书斋。晋人毕卓自称要过左手拿着蟹螯右手端着酒杯的快乐生活，人叹仪表俊美的王恭披着鹤氅在雪中行走如神仙一般。庐山五老峰很高，笔直地插入云霄；南康的三姑石很大，传出的风雨声响若大钟。

三 江

旌对旆，盖对幢。

故国对他邦。

千山对万水，九泽对三江。

山岌岌，水淙淙，鼓振对钟撞。

清风生酒舍，皓月照书窗。

阵上倒戈辛纣战，道旁系剑子婴降。

夏日池塘，出没浴波鸥对对；

春风帘幕，往来营垒燕双双。

【注释】

旌（jīng）：古代的一种旗子，旗杆顶上用五色羽毛做装饰。

旆（pèi）：古时末端形状像燕尾的旗。

岌（jí）岌：形容十分危险，快要倾覆。

垒：燕巢。

【大意】

旌和旆相对，盖和幢相对。故国和他邦相对。千重山对万道河，九处水聚集的地方对三条江流。山很高，水很急，敲鼓的声音对撞击铜钟的声音。清风吹拂着酒馆，一轮明月映照着书窗。周武王讨伐商纣王，纣王军队倒戈相向；刘邦率军直逼咸阳，秦始皇孙子婴坐着白篷白马车，以绳系颈，系剑投降。

夏日池塘中，碧波中嬉戏着成对的鸥鸟；春天到来，成对的燕子忙于筑巢。

四 支

行对止，速对迟。

舞剑对围棋。

花笺对草字，竹简对毛锥。

汾水鼎，岘山碑，虎豹对熊罴。

花开红锦绣，水漾碧琉璃。

去妇因探邻舍枣，出妻为种后园葵。

笛韵和谐，仙管恰从云里降；

橹声咿轧，渔舟正向雪中移。

【注释】

笺：题诗、写信用的精美纸张。

毛锥：毛笔。

汾水鼎：汉武帝得宝鼎于汾水，改元元鼎元年。

岘山碑：晋朝羊祜葬于岘山，百姓望见墓碑无不伤心落泪，故名堕泪碑。

罴（pí）：棕熊。

仙管：笛子。

咿轧：摇橹发出的声音。

【大意】

行和止相对，速和迟相对。舞剑和围棋相对。写字用的精美纸张对潦草的字迹，竹简对毛笔。汉武帝得宝鼎于汾水，堕泪碑坐落于岘山，虎豹对熊罴。鲜花盛开似锦绣，水波不荡如玻璃。王吉因为媳妇摘了邻家伸到自家枣树上的枣子休妻，公仪休认为妻子织布种菜是在和百姓争利。笛子发出的声音，传到九霄云外；摇橹发出的声音，催动渔船在雪中飘动。

五　微

声对色，饱对饥。

虎节对龙旗。

杨花对桂叶，白简对朱衣。

尨也吠，燕于飞，荡荡对巍巍。

春暄资日气，秋冷借霜威。

出使振威冯奉世，治民异等尹翁归。

燕我弟兄，载咏棣棠韡韡；

命伊将帅，为歌杨柳依依。

【注释】

虎节：即兵符，朝廷征调兵将的凭证。

龙旗：画蛟龙图纹的旗。

白简：古代称弹劾官员的奏章为白简。

朱衣：红衣，这里指官服。

尨（máng）：毛多而长的狗。

冯奉世：西汉时人，曾出使西域，率军讨伐莎车国，得到了西域各国的尊重。

尹翁归：西汉时人，曾先后为东海、扶风地方官，治民有方，政绩卓然。

韡（wěi）韡：鲜明茂盛的样子。

【大意】

声和色相对，饱和饥相对。雕刻成虎头形的兵符和画蛟龙图纹的旗相对。杨树的花絮对桂树的叶子，古代称弹劾官员的奏章对古代官员的官服。长毛狗乱叫，燕子飞，宽广无边对高大壮观。春天温暖借助太阳散发的热气，秋日寒冷借助霜雪带来的严寒。出使提振威风的是冯奉世，治理百姓移风易俗的是尹翁归。叙兄弟之情，咏《诗经·小雅·常棣》；命令那些将帅，唱《诗经·小雅·采薇》。

六 鱼

无对有，实对虚。

作赋对观书。

绿窗对朱户，宝马对香车。

伯乐马，浩然驴，弋雁对求鱼。

分金齐鲍叔，奉璧蔺相如。

掷地金声孙绰赋，回文锦字窦滔书。

未遇殷宗，胥靡困傅岩之筑；

既逢周后，太公舍渭水之渔。

【注释】

伯乐：春秋时人，以善相马著称。

浩然：唐朝诗人孟浩然常骑着驴子在风雪之中行走，诗兴因此大发。

弋（yì）雁：射雁。

求鱼：爬到树上去找鱼，比喻方法不对，劳而无功。

渭水：相传姜太公钓鱼于渭水，周文王打猎路过，与之交谈，大喜，便同车而归，立为国师。

【大意】

无和有相对，实和虚相对。写作和看书相对。贫穷人家的宅子对富贵人家的居室，名贵的骏马对香木做的车。伯乐善于相马，孟浩然经常骑驴，用系绳的箭射雁对爬到树上捉鱼。鲍叔多分钱给管仲，蔺相如奉命带和氏璧入秦。孙绰博学擅长写文章，他的一篇《天台山赋》文辞优美，语言铿锵有力，窦滔的妻子用苏锦织成三百首诗，让他回心转意。在没有遇到殷高宗武丁的时候，傅说受牵连被治罪，在傅岩这个地方砌墙服劳役；姜太公遇到周文王之后，就不在渭水钓鱼了。

七 虞

金对玉，宝对珠。

玉兔对金乌。

孤舟对短棹，一雁对双凫。

横醉眼，捻吟须，李白对杨朱。

秋霜多过雁，夜月有啼乌。

日暖园林花易赏，雪寒村舍酒难沽。

人处岭南，善探巨象口中齿；

客居江右，偶夺骊龙颔下珠。

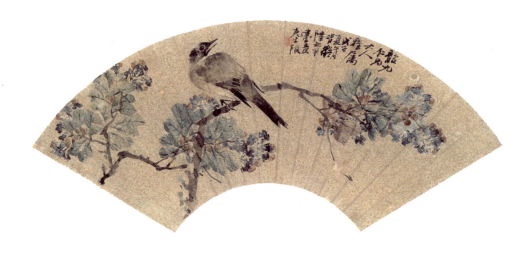

【注释】

棹（zhào）：船桨，借指船。

杨朱：老子的弟子。

岭南：指五岭以南的地区，就是广东、广西一带。

江右：指长江下游以西地区。

黄金和玉石相对，珍宝和珍珠相对。月亮和太阳相对。孤独的船对划船的小桨，一只大雁对两只野鸭。横着醉眼，吟着诗歌，捻着胡须，李白对老子的弟子杨朱。秋冬之时，大雁已经多数离去了，月夜凄凉，忽而又有乌啼声。天气变暖了，园林里的花随处可见，寒冷的孤村下着大雪，连喝酒的地方都难找。处在岭南的人，知道怎么样能得到象牙；居住在江右的人，偶尔夺取了黑龙下巴上的珠子。

八　齐

云对雨，水对泥。

白璧对玄圭。

献瓜对投李，禁鼓对征鼙。

徐稚榻，鲁班梯，凤翥对鸾栖。

有官清似水，无客醉如泥。

截发惟闻陶侃母，断机只有乐羊妻。

秋望佳人，目送楼头千里雁；

早行远客，梦惊枕上五更鸡。

【注释】

白璧：洁白的玉璧。

玄圭：黑玉。

禁鼓：宫廷中报时的鼓。

鼙（pí）：战鼓。

翥（zhù）：向上飞。

128

云和雨相对，水和泥相对。白色的璧和黑色的玉相对。献上瓜果对送出桃李，宫廷中报时的鼓对战鼓。徐稚的床，鲁班的云梯，凤凰高飞对鸢鸟休宿。有当官的清廉如水，没有客人烂醉如泥。只听说陶侃的母亲剪下头发卖钱换酒菜招待客人，只有乐羊子的妻子用剪刀剪断尚未织好的布，来激励乐羊子学习。秋天望着佳人，目送远去；五更的鸡鸣惊醒睡梦中早行的远客。

九　佳

河对海，汉对淮。

赤岸对朱崖。

鹭飞对鱼跃，宝钿对金钗。

鱼圉圉，鸟喈喈，草履对芒鞋。

古贤崇笃厚，时辈喜诙谐。

孟训文公谈性善，颜师孔子问心斋。

缓抚琴弦，像流莺而并语；

斜排筝柱，类过雁之相挨。

【注释】

钿（diàn）：妇人的鬓饰。

圉（yǔ）圉：局促不安的样子。

喈喈：象声词，禽鸟鸣声。

草履（lǚ）：草鞋。

芒鞋：以芒草编成的草鞋。

心斋：排除一切欲念，保持心境纯净。

【大意】

河和海相对，汉和淮相对。赤色的崖岸和红色的山崖相对。白鹭飞翔对鱼虾跳跃，珠宝镶嵌的发饰对插于发髻的金首饰。鱼慢慢地绕着圆圈游，鸟喈喈地叫，草履对草鞋。古代圣贤之人崇尚忠实厚道，当时有名的人物风趣，喜欢逗人发笑。孟子以尧舜为榜样与滕文公谈论性善的问题，颜回曾向孔子请教"心斋"的问题。轻抚琴弦，像鸣声婉转的黄莺在齐唱；斜排的筝柱，像一个接一个排列着飞过的大雁。

十　灰

休对咎，福对灾。

象箸对犀杯。

宫花对御柳，峻阁对高台。

花蓓蕾，草根荄，剔藓对剜苔。

雨前庭蚁闹，霜后阵鸿哀。

元亮南窗今日傲，孙弘东阁几时开。

平展青茵，野外茸茸软草；

高张翠幄，庭前郁郁凉槐。

象箸（zhù）：象牙筷。

犀（xī）杯：犀角制成的酒杯。

荄（gāi）：荄即根，一说是草木枯根。

茵：褥子。

幄（wò）：帐篷。

【大意】

　　美好和灾祸相对，幸运和不幸相对。象牙做的筷子和犀角雕成的酒杯相对。皇宫庭苑中的花木对宫禁中的柳树，高峻的阁楼对高高的楼台。花有蓓蕾，草有根须，剔藓对剜苔。下雨之前门庭前的蚂蚁不安静，霜后鸿雁发出哀鸣声。元亮今日写出了"倚南窗以寄傲"的诗句，公孙弘的平津阁什么时候再招纳贤者。野外茸茸的软草平铺开，平整柔软的像草褥子；门前郁郁葱葱，槐树叶浓荫蔽日如帐篷。

下　卷

一　先

离对坎，震对乾。

一日对千年。

尧天对舜日，蜀水对秦川。

苏武节，郑虔毡，涧壑对林泉。

挥戈能退日，持管莫窥天。

寒食芳辰花烂漫，中秋佳节月婵娟。

梦里荣华，飘忽枕中之客；

壶中日月，安闲市上之仙。

【注释】

离、坎、震、乾：四种卦名。

涧壑（hè）：山涧沟谷。

【大意】

离和坎相对，震和乾相对。一天和千年相对。尧时的天空对舜时的太阳，蜀地的河水对秦地的山川。苏武出使匈奴，被扣留十九年，持节不降，唐朝诗人郑虔生活贫寒，坐无寒毡，群峰中的山谷对树林中的泉水。鲁阳公挥舞兵器日退三舍，手握笔管却不能窥见天穹。寒食节美好的时刻花朵烂漫，中秋节美好的节日，圆月美景。梦中繁华富贵，是梦里的虚幻客人；壶中看到的闲适华丽，是仙人的安闲生活。

二　萧

开对落，暗对昭。

赵瑟对虞韶。

轺车对驿骑，锦绣对琼瑶。

羞攘臂，懒折腰，范甑对颜瓢。

寒天鸳帐酒，夜月凤台箫。

舞女腰肢杨柳软，佳人颜貌海棠娇。

豪客寻春，南陌草青香阵阵；

闲人避暑，东堂蕉绿影摇摇。

【注释】

瑟：古代拨弦乐器。

虞韶：虞舜所作的《韶》乐。

轺（yáo）：小车。

攘（rǎng）：卷起衣袖。

开和落相对，黑暗和明亮相对。赵国君主所鼓之瑟和虞舜所作的乐曲相对。小车对驿马，精美鲜艳的丝织品对美玉。支离疏捋袖扬臂在征兵人面前走来走去，为士人所羞笑，陶渊明羞为五斗米折腰，贫困而有操守的范冉的甑对能忍受穷困清苦、品质高尚的颜回的瓢。寒冷的天气里，在绣有鸳纹的帐帏里喝着酒，夜半更深，朦胧的斜月，在凤台吹着清丽的箫声。美丽舞女的腰肢如杨柳般柔软，佳人的容貌似海棠般娇艳动人。豪侠之士游赏春景，南面田间小路的青草散发出一阵阵香气；没有事情要做的人在避暑，东堂的蕉叶绿影婆娑。

三 肴

风对雅，象对爻。

巨蟒对长蛟。

天文对地理，蟋蟀对螵蛸。

龙夭矫，虎咆哮，北学对东胶。

筑台须垒土，成屋必诛茅。

潘岳不忘《秋兴赋》，边韶常被昼眠嘲。

抚养群黎，已见国家隆治；

滋生万物，方知天地泰交。

【注释】

风、雅：《诗经》分风、雅、颂。

象、爻（yáo）：象即《易经》中的卦象，爻即组成八卦的横画。

螵蛸（piāo xiāo）：螳螂的卵块。

昼眠：在白天睡觉。

《诗经》中的风和《诗经》中的雅相对，《易经》中的象和组成八卦的横画爻相对。巨大的蟒蛇和长长的蛟龙相对。天文对地理，蟋蟀对螵蛸。龙盘曲伸展而有气势，凶猛的老虎呼啸呐喊，古学校北学对休养所东胶。九层的高台，是一筐土一筐土筑起来的，要盖房子必须割草。西晋文学家潘岳追求文字华丽，著有《秋兴赋》，爱在白天睡觉的边韶被学生所嘲笑。恩泽普施给广大的黎民百姓，已经见到国家盛世；繁育宇宙间的一切事物、一切生物，方才知道社会和谐。

四 豪

琴对瑟，剑对刀。

地迥对天高。

峨冠对博带，紫绶对绯袍。

煎异茗，酌香醪，虎兕对猿猱。

武夫攻骑射，野妇务蚕缲。

秋雨一川淇澳竹，春风两岸武陵桃。

螺髻青浓，楼外晚山千仞；

鸭头绿腻，溪中春水半篙。

【注释】

绯（fēi）：红色。

茗：茶的一种称呼。

醪（láo）：酒。

虎兕（sì）：虎与犀牛。

猿猱：泛指猿猴。

淇（qí）澳（yù）：淇水弯曲处。

螺髻（jì）：螺壳状的发髻。

腻：浓。

【大意】

琴和瑟相对，剑和刀相对。大地平坦辽阔和天空深邃遥远相对。高高的帽子对宽阔的衣带，古代高官挂印的紫色丝带对文官的红色官服。泡稀罕的茶，饮香醇的酒，老虎和犀牛对猿猴。会武的人专事骑射，村野农妇养蚕抽丝。秋雨打湿黄河支流水边的竹子，春风吹红武陵溪水两岸的桃花。螺壳状的发髻，与傍晚的高山一样青黑；野鸭头上的颜色，与溪中春水暴涨后一样泛绿。

五　歌

繁对简，少对多。

里咏对途歌。

宦情对旅况，银鹿对铜驼。

刺史鸭，将军鹅，玉律对金科。

古堤垂觯柳，曲沼长新荷。

命驾吕因思叔夜，引车蔺为避廉颇。

千尺水帘，今古无人能手卷；

一轮月镜，乾坤何匠用功磨。

【注释】

银鹿：颜真卿家僮名银鹿。

铜驼：宫门两旁常置铜驼。

觯（duǒ）：垂。

水帘：水从高崖流下，人从远处看就像帘幕一般。

【大意】

　　繁和简相对，少和多相对。在巷弄里歌唱和在路上歌唱相对。做官的意愿对旅途的情怀，颜真卿的家僮对宫门两旁铜铸的骆驼。唐代韦应物任刺史时爱养鸭，王羲之官右将军时好养鹅，清规戒律对金口玉言。建造时间很长的河堤边生着垂柳，曲折迂回的池塘长着荷花。晋吕安与稽叔夜是好友，每当吕安思念稽叔夜时即令人驾车千里前往会见；战国时蔺相如为赵国相，廉颇忌恨蔺相如官位在己之上，扬言要羞辱他，蔺相如知道后，每次外出遇到廉颇便引车避让。水从高崖上流下，从古至今无人能在上面书写；一轮明月皎洁，天地间没有一个匠人去打磨。

六　麻

吴对楚，蜀对巴。

落日对流霞。

酒钱对诗债，柏叶对松花。

驰驿骑，泛仙槎，碧玉对丹砂。

设桥偏送笋，开道竟还瓜。

楚国大夫沉汨水，洛阳才子谪长沙。

书箧琴囊，乃士流活计；

药炉茶鼎，实闲客生涯。

【注释】

仙槎（chá）：神话中往来于海上和天河之间的竹木筏。

书箧（qiè）：书箱。

琴囊（náng）：装琴的袋子。

【大意】

吴和楚相对，蜀和巴相对。太阳落山和彩云浮动相对。花钱饮酒对他人索要作诗，柏树的叶子对松树的花。驾乘驿马疾行，泛着竹筏寻源，碧绿色的玉石对可以入药的朱砂。范元授见人夜间盗笋苦于过沟，乃砍树为桥让盗过，盗笋者感惭愧就将笋子送还；晋人桑虞见有人偷瓜苦于园周篱笆多刺，于是多开了一个口，盗贼还瓜并且谢罪。楚国大夫屈原，晚年见楚国连连丧失国土，最后自投汨罗江而死；贾谊为洛阳才子，被贬为长沙太傅。书箱和装琴的囊，这些是文人谋生的手段；炼丹药的炉子和装茶的鼎，那是清闲之人过活的必备。

沉江忠魂——屈原

  屈原（约前340—前278），名平，字原。他出身楚国贵族，年轻时就表现出杰出的才能，做了楚怀王的左徒（官名），协助怀王筹划国家大事，发布政令；对外接待各国使者，处理外交事务，很得怀王信任。

  后来，他的政敌上官大夫在怀王面前造他的谣，说屈原居功自傲，连怀王也不放在眼里，怀王就疏远了屈原。当时在战国"七雄"中，最强大的是秦、齐、楚三国，"合纵""连横"的斗争非常激烈，最后谁能取胜，就由这三国的内政外交的得失来决定。屈原在楚国内政上主张选贤任能，励精图治，企图建立一个理想的如尧舜禹汤时代的社会；在外交上则主张联齐合纵，对抗强秦的连横。由于怀王疏远了他，屈原的这些主张都未能实行。

怀王是个昏庸的君主，在秦惠王的离间和诱惑下，接连上当，断绝了和齐国的联盟关系，结果损兵折将，丢失土地，国势渐渐衰弱下来。秦昭王继位后，提出和楚通婚，约怀王相会，屈原极力劝阻怀王不要再上当。但怀王在其幼子子兰的怂恿下还是去了，结果遭到秦国的武力劫持，死在秦国。怀王的长子顷襄王继位，令尹子兰和上官大夫等人又在顷襄王面前构陷屈原，顷襄王一怒之下把屈原流放到江南。

屈原晚年在沅水、湘水流域长期过着流放生活，眼看祖国日益衰弱，即将被秦灭亡，自己报效君王的抱负不得施展，忧心如焚，无日可了，写了大量抒发忧愤的诗作，最后在绝望中投汨罗江自尽。

七　阳

高对下，短对长。

柳影对花香。

词人对赋客，五帝对三王。

深院落，小池塘，晚眺对晨妆。

绛霄唐帝殿，绿野晋公堂。

寒集谢庄衣上雪，秋添潘岳鬓边霜。

人浴兰汤，事不忘于端午；

客斟菊酒，兴常记于重阳。

【注释】

五帝：一般指黄帝、颛顼、帝喾、尧、舜。

三王：一般指夏禹、商汤、周文王。

绛（jiàng）霄：唐玄宗时有绛霄殿。

【大意】

高和下相对，短和长相对。柳树的影子和花朵的幽香相对。擅长文辞的人对辞赋家，传说中的五个古代帝王对夏商周三代之君。深深的院落，小小的池塘，傍晚向远处眺望对清早起来梳妆。唐玄宗的绛霄殿，唐裴度的绿野堂。谢庄身上满是白雪，潘岳的头发变白。人用香草水洗澡，一般都在端午节那一天；为客人斟上菊花酒，经常是在重阳节。

八 庚

渔对猎，钓对耕。

玉振对金声。

雉城对雁塞，柳袅对葵倾。

吹玉笛，弄银笙，阮杖对桓筝。

墨呼松处士，纸号楮先生。

露浥好花潘岳县，风搓细柳亚夫营。

抚动琴弦，遽觉座中风雨至；

哦成诗句，应知窗外鬼神惊。

【注释】

楮（chǔ）先生：古代造纸多以楮树皮为原料，所以把纸称为楮先生。

【大意】

渔和猎相对，钓和耕相对。玉振和金声相对。雉城小镇对北方边塞，柳枝细长柔软随风摇摆对葵花向日而倾。吹响玉质的笛子，吹奏银质的笙，阮修挂百钱于杖头对桓伊抚筝而歌。墨大多以松烟制成，纸以楮树皮制成。露水湿润栽满花的河阳县，大风吹摇周亚夫将军在细柳的军营。抚动琴弦，马上就感到风雨忽然到来；吟成诗句，感觉有惊天地泣鬼神的感觉。

九　青

红对紫，白对青。
渔火对禅灯。
唐诗对汉史，释典对仙经。
龟曳尾，鹤梳翎，月榭对风亭。
一轮秋夜月，几点晓天星。
晋士只知山简醉，楚人谁识屈原醒。
绣倦佳人，慵把鸳鸯文作枕；
吮毫画者，思将孔雀写为屏。

【注释】

龟曳尾：比喻自由自在的隐居生活。

翎（líng）：羽毛。

【大意】

红和紫相对，白和青相对。渔船上的灯火和佛寺中的青灯相对。唐朝的诗对汉朝的史，佛家经典对神仙的书。乌龟摆动尾巴，仙鹤梳理羽毛，赏月的台榭对亭子。一轮皎洁的明月挂在秋天的夜空，几颗闪闪的星星点缀在将晓的天空。晋朝人只知道山简嗜酒，楚国人没人知道屈原清醒。

善于绣花的女子，常把鸳鸯绣在枕头上；喜欢绘画的人，常把孔雀画在屏风上。

十　蒸

新对旧，降对升。
白犬对苍鹰。
葛巾对藜杖，涧水对池冰。
张兔网，挂鱼罾，燕雀对鹏鹍。
炉中煎药火，窗下读书灯。
织锦逐梭成舞凤，画屏误笔作飞蝇。
宴客刘公，座上满斟三雅爵；
迎仙汉帝，宫中高插九光灯。

【注释】

罾（zēng）：一种用木棍或竹竿做支架的方形渔网。

鹏鹍（kūn）：传说中的大鸟。

【大意】

新和旧相对，降和升相对。白狗和苍鹰相对。葛布做的头巾对藜的老茎做的手杖，夹在两山之间的水对池中的冰。张开补兔子的网，挂上捕鱼的网，体型小巧的燕雀对传说中的大鸟。火炉中煎药用的火，窗台边读书用的灯。飞舞的凤凰追逐着梭子飞到了锦上，画屏的误笔被巧妙地改成了苍蝇。宴请宾客的刘表，桌上摆着名为"三雅"的酒具；迎接仙人的汉武帝，在宫中高高地点起许多火光。

第三章

中华民族优秀文化传承·灯谜

　　灯谜，即写在彩灯上面的谜语，文字简练，短小精悍，是民间文学百花园中的"微型盆景"。它是我国特有的一种雅俗共赏的文字游戏。它能够启迪思维、陶冶情操、增长知识、开发智力，千百年来深受群众喜爱。

第一节　字谜

　　字谜即用字做谜底的谜语。它主要根据方块汉字笔画繁复、偏旁相对独立、结构组合多变的特点，运用离合、增损、象形、会意等多种方式创造设制的。

1. 一日（打一字）——旧
2. 一撇（打一字）——厂
3. 毛竹（打一字）——笔
4. 水落（打一字）——础
5. 田间（打一字）——十
6. 自己（打一字）——体
7. 斧头（打一字）——父
8. 十三点（打一字）——汁
9. 太阳王（打一字）——旺
10. 草上飞（打一字）——早
11. 多一半（打一字）——夕
12. 十五天（打一字）——胖
13. 飞沙走石（打一字）——少
14. 点点成金（打一字）——全
15. 公而忘私（打一字）——八
16. 旭日东升（打一字）——九
17. 凤头虎尾（打一字）——几
18. 十个哥哥（打一字）——克
19. 水落石出（打一字）——泵

20. 两点待命（打一字）——冷

21. 打断念头（打一字）——心

22. 留下一片心（打一字）——思

23. 两点天上来（打一字）——关

24. 人无信不立（打一字）——言

25. 日日早上聚会（打一字）——晶

26. 春节放假三日（打一字）——人

27. 早不说晚不说（打一字）——许

28. 无头无尾一亩田（打一字）——鱼

29. 四边有山如画中（打一字）——田

30. 五张嘴一起说话（打一字）——语

31. 米上加横竖出头（打一字）——来

32. 一人腰上挂把弓（打一字）——夷

33. 倾盆大雨冲倒山（打一字）——雪

34. 桃李梅杏样样有（打一字）——木

35. 田里雨后长青草（打一字）——蕾

36. 先写上半截，后写下半截（打一字）——告

第二节 成语谜

　　成语和灯谜是我国语言文化中的两朵奇葩。成语灯谜，是以成语为谜底的灯谜，它完美地实现了两种语言文化的融合——通过猜灯谜来了解成语典故，通过读成语来学习灯谜知识，相得益彰。

1. 爱好旅游（打一成语）——喜出望外

2. 盲人摸象（打一成语）——不识大体

3. 蜜饯黄连（打一成语）——同甘共苦

4. 逆水划船（打一成语）——力争上游

5. 快刀斩乱麻（打一成语）——迎刃而解

6. 跷跷板（打一成语）——此起彼落

7. 糖果广告（打一成语）——甜言蜜语

8. 脱粒机（打一成语）——吞吞吐吐

9. 四通八达（打一成语）——头头是道

10. 节日的焰火（打一成语）——五彩缤纷

11. 伞兵（打一成语）——从天而降

12. 哑巴打手势（打一成语）——不言而喻

13. 初一（打一成语）——日新月异

14. 打边鼓（打一成语）——旁敲侧击

15. 美梦（打一成语）——好景不长

16. 农产品（打一成语）——土生土长

17. 无底洞（打一成语）——深不可测

18. 大风地里吃炒面（打一成语）——有口难开

19. 2468（打一成语）——无独有偶

20. 掉牙（打一成语）——不足挂齿

21. 小燕子帘外飞（打一成语）——格格不入

22. 黄瓜敲木钟（打一成语）——一声不响

23. 红豆一颗表真情（打一成语）——赤子之心

24. 小六着装色斑斓（打一成语）——五彩缤纷

25. 不倒翁（打一成语）——摇摆不定

26. 白骨精扮新娘（打一成语）——妖里妖气

27. 没打断，没减分（打一成语）——不折不扣

28. 最顺利的时候（打一成语）——万事如意

29. 辞海（打一成语）——回头是岸

30. 候鸟迁徙（打一成语）——远走高飞

31. 十分之四（打一成语）——三三两两

32. 一瓢凉水泼头上（打一成语）——首当其冲

第三节　地名谜

地名谜不仅赋予地名新的意蕴，也为普普通通的地名增添几分妙趣，读来使人倍感亲切。

1. 每到六点定相会（打一北京地名）——海淀

2. 晌（打一北京地名）——朝阳

3. 无间道（打一北京地名）——密云

4. 维持治安（打一河北地名）——保定

5. 发扬雷锋精神（打一河北地名）——承德

6. 客无恙（打一陕西地名）——西安

7. 守信誉（打一贵州地名）——遵义

8. 读书热（打一四川地名）——兴文

9. 老相识（打一江苏地名）——常熟

10. 双喜临门（打一直辖市名）——重庆

第四节 中药谜

　　中药和灯谜同为我们中华民族古老的优秀文化遗产，已有几千年的历史。自古以来，文人喜爱将中药名与灯谜巧妙结合，制成别具特色的中药谜。

　　1. 十（打一中草药名）——三七

　　2. 故乡（打一中草药名）——熟地

　　3. 表面（打一中草药名）——陈皮

　　4. 蚕食（打一中草药名）——桑叶

5. 腊梅（打一中草药名）——冬花

6. 烤火费（打一中草药名）——冬花

7. 开绿灯（打一中草药名）——路路通

8. 山山相连（打一中草药名）——脉通

9. 五月初五（打一中草药名）——半夏

10. 天府之宝（打一中草药名）——川贝

11. 天女散花（打一中草药名）——降香

12. 崇高理想（打一中草药名）——远志

13. 胸中荷花（打一中草药名）——穿心莲

第五节　歌曲谜

　　经典的歌曲是艺术文化长河中的瑰宝。以歌曲为谜，形式独特。听其歌，猜其谜，陶醉其中。

1. 海内存知己（打一二字歌曲名）——《朋友》

【解析】

　　"海内存知己，天涯若比邻"出自唐朝王勃的《杜少府之任蜀州》。"知己"是指亲密的朋友。所以根据提示，此谜的谜底为《朋友》。

2. 边境小调（打一三字歌曲名）——《国际歌》

【解析】

　　"边境"是指靠近国家边界的地方，"小调"是中国汉族民歌体裁类别的一种。所以根据提示，此谜的谜底为《国际歌》。

3. 处处闻啼鸟（打一三字歌曲名） ——《春之声》

【解析】

"处处闻啼鸟"出自于古诗《春晓》，诗人从听觉的角度描绘了雨后春天的早晨，处处都可以听到悦耳动听的鸟鸣。所以根据提示，此谜的谜底为《春之声》。

【牛刀小试】

（1）百年古屋（打一二字歌曲名）

（2）红掌拨清波（打一二字歌曲名）

（3）千呼万唤始出来（打一二字歌曲名）

（4）自幼便识君（打一二字歌曲名）

【谜底】

（1）《老家》（2）《水手》（3）《迟到》（4）《懂你》

第六节　人名谜

在中国五千年的历史长河中，出现过无数的风流人物。猜人名谜，知其名，忆其事，乐在其中！

一、现代著名作家

1. 百年旧屋（打一现代作家名）——老舍

【解析】

"百年"通常指很多年，是说时间之长。"屋"可解释为房舍。"旧屋"说明那是很老的房子。所以根据提示，此谜的谜底为"老舍"。

相关链接

中国现代著名作家、人民艺术家——老舍

老舍（1899—1966），原名舒庆春，字舍予，笔名老舍，满族正红旗人，生于北京。老舍是中国现代小说家、著名作家，杰出的语言大师、人民艺术家。他是新中国第一位获得"人民艺术家"称号的作家。代表作有《骆驼祥子》《四世同堂》《茶馆》《龙须沟》等。老舍的文学语言通俗简易、朴实无华、幽默诙谐，具有较强的北京韵味。

2.山东发展快（打一现代作家名）——鲁迅

【解析】

"山东"简称"鲁"。"快"有快速、迅速之意。所以根据提示，此谜的谜底为"鲁迅"。

 相关链接

中国现代文学的奠基人——鲁迅

鲁迅（1881—1936），原名周樟寿，后改名周树人，字豫山，后改豫才。"鲁迅"是他1918年发表《狂人日记》时所用的笔名，也是他影响最为广泛的笔名。鲁迅是著名文学家、思想家、教育家，五四新文化运动的重要参与者，中国现代文学的奠基人。

鲁迅以笔代戈，奋笔疾书，战斗一生，被誉为"民族魂"。"横眉冷对千夫指，俯首甘为孺子牛"是鲁迅一生的写照。

3. 大热天吃雪糕（打一现代作家名）　——冰心

【解析】

大热天吃雪糕，吃到嘴里，凉在心里。所以根据提示，此谜的谜底为"冰心"。

 相关链接

中国现代著名作家——冰心

冰心（1900—1999），原名谢婉莹，笔名冰心，取"一片冰心在玉壶"之意，现代伟大的诗人、作家、翻译家、儿童文学家。著有小说集《超人》、诗集《春水》《繁星》、散文集《寄小读者》《再寄小读者》《三寄小读者》等。她主张爱的哲学，为"当代散文八大家"之一。

 **二、古代著名诗人**

大地旅行（打一南宋爱国诗人）——陆游

【解析】

"大地"是指广大地面，可称为陆地。旅行也称为旅游、游玩。所以根据提示，此谜的谜底为"陆游"。

相关链接

陆游（1125—1210），字务观，号放翁，越州山阴（今绍兴）人，南宋文学家、史学家、爱国诗人。

三、古代科学家

1. 爷爷打先锋（打一中国古代科学家名）——祖冲之

【解析】

"爷爷"现在常用的意思指祖父。"打先锋"比喻带头，冲在前面的。所以根据提示，此谜的谜底为"祖冲之"。

相关链接

祖冲之（429—500），字文远。出生于建康（今南京），中国南北朝时期杰出的数学家、天文学家。

祖冲之一生钻研自然科学，其主要贡献在数学、天文历法和机械制造三方面。他在刘徽开创的探索圆周率的精确方法的基础上，首次将"圆周率"精算到小数点后第七位，即在3.1415926和3.1415927之间，他提出的"祖率"对数学的研究有重大贡献。由他撰写的《大明历》是当时最科学最进步的历法，对后世的天文研究提供了正确的方法。其主要著作有《安边论》《缀术》《述异记》《历议》等。

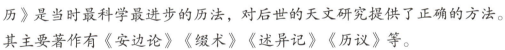

2. 读完小学进中学（打一中国古代科学家名）——毕昇

【解析】

　　"读完小学"就是小学毕业。"进中学"就是升入中学。所以根据提示，此谜的谜底为"毕昇"。

 相关链接

活字印刷术发明人——毕昇

　　毕昇（生卒年不详），北宋布衣。湖北英山县人。宋初为书肆刻工。宋庆历年间（1041—1048），他根据实践经验，发明胶泥活字印刷技术。这一技术未及推广，毕昇就去世了。他的字印为沈括家人收藏，其事迹见《梦溪笔谈》卷十八。活字印刷术具有一字多用、重复使用、印刷多且快、省时省力、节约材料等优点，和雕版印刷术相比有了质的飞跃，对后世印刷术乃至世界文明的进步，有着巨大而深远的影响。1989年在湖北英山县发现毕昇墓碑。

四、古代医学家

唐代瑰宝（打一古代医药学家）——李时珍

【解析】

"唐代"是继隋朝之后的大一统王朝时代，共21位皇帝，享国289年。因皇室姓李，故又称为李唐。"瑰宝"意思是贵重而美丽的宝物，稀世之珍宝，非常漂亮，珍奇。所以根据提示，此谜的谜底为"李时珍"。

 相关链接

明朝医药学家——李时珍

李时珍（1518—1593），字东璧（bì），晚年自号濒湖山人，湖北蕲（qí）春县人，明代著名医药学家。后为楚王府奉祠正、皇家太医院判，去世后明朝廷敕封为"文林郎"。李时珍自1565年起，先后到武当山、庐山、茅山、牛首山及湖广、安徽、河南、河北等地收集药物标本和处方，并拜渔人、樵夫、农民、车夫、药工、捕蛇者为师，参考历代医药等方面书籍925种，考古证今，穷究物理，记录上千万字的札记，历经27个寒暑，三易其稿，于明万历十八年（1590年）完成了192万字的巨著《本草纲目》。李时珍的其他著述有《奇经八脉考》《濒湖脉学》等多种。

五、古代政治家

皇帝奠基（打一北宋著名政治家）——王安石

【解析】

"皇帝"是中国封建社会最高统治者的称呼。又称为"帝"与"王"。

"奠基"的含义是打下建筑物的地基。举行奠基仪式时，先安放基石，再由奠基人双手持握系有红绸的新锹为奠基石培土。所以根据提示，此谜的谜底为"王安石"。

相关链接

　　王安石（1021—1086），字介甫，号半山，临川（今江西抚州市临川区）人，北宋著名的政治家、文学家。

六、古代名将

挟泰山以超北海（打一民族英雄名）——岳飞

【解析】

　　"泰山"有"五岳之首""五岳之长""天下第一山"之称。"北海"是广西壮族自治区下辖的一个地级市。挟泰山飞越南方城市的气势。所以根据提示，此谜的谜底为"岳飞"。

相关链接

　　岳飞（1103—1142），字鹏举，南宋著名的战略家、军事家、民族英雄、抗金名将。

第七节 文学谜

文学典籍中，有洋洋上百万字的长篇小说，也有数十字的诗词曲赋。人们把其中的内容用最短小的一句话、一个词甚至一个字创编成灯谜，谜虽小却内容丰富，包罗万象。

1. 探头迎春（打一诗句）——一枝红杏出墙来

【解析】

"探头"可理解为伸出头来。春天是百花齐放的季节，诗句"一枝红杏出墙来"描写一枝红杏探出墙头，向人们炫耀着春天的美丽，可生动形象地解释此谜面。此句出自宋代诗人叶绍翁的《游园不值》。

2. 绿卡（打一诗句）——春风不度玉门关

【解析】

绿色是春天的象征，"卡"有"卡住"之意，可引申为"过不去，无法度过"。诗句"春风不度玉门关"可解释此谜面。此句出自唐朝王之涣的《凉州词》。

3. 销声匿（nì）迹（打一诗句）——千山鸟飞绝

【解析】

　　"销声匿迹"是指没有声音，不见踪影。而"绝"有绝迹、灭绝之意，诗句"千山鸟飞绝"可形象地解释此谜面。该句出自唐代诗人柳宗元的《江雪》。

4. 三令五申（打一《西游记》人名）——八戒

【解析】

　　"三令五申"中的三和五相加是八，三令五申一般也是用在强调对某事的制止、禁止之意上，所以这一谜底是"八戒"。

5. 黑棋输了（打一《水浒》人名）——白胜

【解析】

　　这个谜面"黑棋输了"自然对应就是"白棋赢了"，所以这一谜底就是"白胜"。

6. 久不用功（打一《水浒》人名）——武松

【解析】

　　这个谜面"久不用功"也就是很长时间没有用功练武了，自然武艺就稀松了，谜底就是"武松"。

中华民族优秀文化
积累传承读本

下 册

策　　划	高振宝				
主　　编	李春旺　　张立军				
执行主编	齐孝源				

编　　委	曹爱清	常祖新	陈文玲	付燕岭	耿　娟	郭新新
（按音序排列）	洪　彦	蒋晓波	李　健	李　丽	李新会	李艳征
	林忠慧	刘凤君	刘玉凤	刘　铮	马　妍	牛建宏
	牛玉玺	齐　静	齐晓菊	孙凤霞	唐　铮	田凤艳
	汪　敏	王　超	王　韬	王新宇	杨小红	于超群
	于虹霞	张　滢	赵　静	赵丽萍	赵胜利	郑虎平
	左玉华					

语文出版社

·北京·

目 录

第三章　中华民族优秀文化传承·楹联

第一章

坚守中华民族优秀文化根基

第一节　国学经典是孩子最重要的"精神喂养"

广义的"国学"就是中国之学，中华之学，是中华各民族优秀传统文化的总称。

千百年来，国学已渗透到社会的方方面面，直接影响着国人的思想、意识、伦理、道德和行为。从20世纪90年代起，国学热再次兴起，如今方兴未艾。国学不仅是中国悠久传统文化的结晶，也是我们每一个中国人立身处世之本，更是我们不可或缺的精神食粮。学习国学，了解国学，继承和弘扬中华民族优秀文化，是我们每一个中国人义不容辞的责任。

我们精心编写的《中华民族优秀文化积累传承读本》就是引领同学们走进博大精深的国学长廊，领略国学的精髓，感受国学的智慧，把握传统文化的脉搏，提升自身的文化素养，真正使国学成为孩子们的"精神喂养"。

国学可以教会小男孩做一个顶天立地的男子汉，使他的思想像大海一样深邃，心胸像天空一样开阔。国学可以教会小女孩像水一样"善利万物而不争"，自尊自爱，善良贤惠。

 **第二节　中华民族优秀文化常识**

一、中华民族优秀文化常识知多少

1. 人们常说"但愿人长久，千里共婵娟"，其中婵娟指的是：（　　）

A. 月亮　　　　　B. 姻缘　　　　　C. 女人

2. "爆竹声中一岁除，春风送暖入屠苏"，下面选项中哪项内容指的是"屠苏"？（　　）

A. 苏州　　　　　B. 酒　　　　　C. 房屋　　　　　D. 庄稼

3. 1932 年，清华大学招生试题中有一道对对子题，上联"孙行者"，下面选项中哪项内容作为下联最合适？（　　）

A. 胡适之　　　B. 郁达夫　　　C. 周作人　　　D. 唐三藏

4. 我国古代有很多计量单位，诗句"黄河远上白云间，一片孤城万仞山"中的"仞"就是计量单位，下面哪个选项内容约相当于一仞？（　　）

A. 成年人一臂的长度　　　　B. 一个成年人的高度

C. 一个儿童的高度

5. 杂志社采用作品按照正文部分每字 5 元来计算，假如你的一首五绝诗被采用，你应得的稿费是：（　　）

A. 50 元　　　　B. 100 元　　　　C. 200 元

6. "天时不如地利，地利不如人和"这句话出自下面哪一部著作？（　　）

A.《孟子》　　　B.《庄子》　　　C.《老子》

7. 我国书法艺术博大精深，请问"欧体"的发明者是：（　　）

A. 欧阳修　　　B. 欧阳询　　　C. 欧阳通

8. 被誉为"万园之园"的古代园林是：（　　）

A. 颐和园　　　B. 圆明园　　　C. 长春园

9. 下面选项中哪个是"讳疾忌医"典故中的君王？（   ）

    A. 蔡桓公   B. 齐桓公   C. 齐景公   D. 宋襄公

10. 成语"白驹过隙"常比喻：（   ）

    A. 速度飞快   B. 时光飞逝   C. 发展飞速

11. "不以物喜，不以己悲"这句话出自古文：（   ）

    A.《醉翁亭记》B.《岳阳楼记》C.《出师表》

12. 杜甫名句"烽火连三月，家书抵万金"中的"家书"通过邮驿传递，唐代管理这类工作的中央管理机构是：（   ）

    A. 中书省   B. 门下省   C. 尚书省

13. "夕阳无限好，只是近黄昏"这两句诗富有哲理，写出了事物虽好，但总有凋零的一天。诗句的作者是：（   ）

    A. 李商隐   B. 骆宾王   C. 王维

14.《红楼梦》是我国古代著名文学家曹雪芹所著，它的原名是：（   ）

    A.《金陵记》   B.《石头记》

15. 名言"路漫漫其修远兮，吾将上下而求索"的作者是：（   ）

    A. 孔子   B. 屈原   C. 孟子

16. 下面哪一个选项是"顷刻间千秋事业，方寸地万里江山；三五步行遍天下，六七人百万雄兵"描写的地方？（   ）

    A. 棋盘   B. 戏台   C. 战场

17. "但使龙城飞将在，不教胡马度阴山" 出自唐代边塞诗人王昌龄的《出塞》，其中的"飞将"指的是：（   ）

    A. 卫青   B. 关羽   C. 张飞   D. 李广

18. 中国古代有四大名镇，木版年画发源于其中的：（   ）

    A. 汉口镇   B. 景德镇   C. 朱仙镇   D. 佛山镇

19. 下列四部名著中成书时间最早的是：（   ）

    A.《徐霞客游记》   B.《说文解字》

    C.《天工开物》   D.《梦溪笔谈》

20. 成语"庖丁解牛"形容做事得心应手，"庖丁"指的是：（   ）

    A. 一个年轻力壮的厨师   B. 一个姓"丁"的厨师

C.一个名叫"丁"的厨师

21.名句"文章千古事，得失寸心知"出自《偶题》，作者是：（ ）

A.李白　　　　　B.杜甫　　　　　C.白居易

22.名句"生当作人杰，死亦为鬼雄，至今思项羽，不肯过江东"出自《夏日绝句》，作者是：（ ）

A.辛弃疾　　　　B.李清照　　　　C.欧阳修

23.下面古诗名句中，离开家的时间更长的作者是：（ ）

A.人归落雁后，思发在花前　　B.儿童相见不相识，笑问客从何处来

24.《兰亭序》是王羲之的代表作，我们现在所能看到的是真迹吗？（ ）

A.是　　　　　　　　　B.不是

25.文人对各种植物有自己的偏爱，陶渊明喜爱菊花，大文学家苏东坡则说过，宁可食无肉，不可：（ ）

A.居无菊　　　B.居无竹　　　C.居无梅　　　D.居无兰

26.杜甫的名句"会当凌绝顶，一览众山小"是诗人登山发出的感慨，他登上的山是：（ ）

A.黄山　　　　　B.泰山　　　　　C.华山

27.北魏贾思勰所著的《齐民要术》是关于：（ ）

A.君主如何统治国家的著作　　B.农业生产和农事活动的著作

28.《康熙字典》是张玉书、陈廷敬等三十多位学者编撰成的一部具有深远影响的汉字辞书，成书于：（ ）

A.秦朝　　　　　B.清朝　　　　　C.明朝

29.郑和船队从西洋归来时带回了一只西方异兽"麒麟"，就是现在我们所知的：（ ）

A.长颈鹿　　　B.金钱豹　　　C.河马　　　　D.狮子

30.下列古代名曲中，琵琶名曲是：（ ）

A.十面埋伏　　　B.高山流水　　　C.梅花三弄

31."老吾老以及人之老"是我国的传统美德，最早提出这句话的是：（ ）

A. 孔子　　　　B. 孟子　　　　C. 庄子

32. 成语"咫尺天涯"中"咫""尺"都是古代计量单位，其中计量单位短的是：（　　）

A. 咫　　　　　　　　　　B. 尺

33. 草书、行书、楷书、隶书四种字体当中有一种是其余三种的起源，这种字体是：（　　）

A. 草书　　　B. 行书　　　C. 楷书　　　D. 隶书

34. 吃年糕是我国的一种习俗，与这种习俗有关的历史人物是：（　　）

A. 伍子胥　　　B. 范蠡　　　C. 屈原

35. 说"水则载舟，水则覆舟"这句名言的是：（　　）

A. 老子　　　B. 荀子　　　C. 孔子

36. 名句"及时当勉励，岁月不待人"的作者是：（　　）

A. 苏轼　　　B. 陶渊明　　　C. 诸葛亮

37. 诗句"七月流火，九月授衣"出自《诗经》，其中的"七月流火"指的是：（　　）

A. 天气炎热似火　B. 天气渐渐转凉　C. 流星异常出现

38. 成语"实事求是"通常指按照事物的实际情况办事，出自：（　　）

A.《左传》　　　B.《战国策》　　　C.《史记》　　　D.《汉书》

39. "醉里挑灯看剑，梦回吹角连营"出自《破阵子·为陈同甫赋壮词以寄之》，作者是：（　　）

A. 陆游　　　B. 岳飞　　　C. 辛弃疾　　　D. 李清照

40. 秦始皇统一中国后，将全国文字统一成了：（　　）

A. 楷书　　　B. 小篆　　　C. 鸟虫文　　　D. 行书

41. "但愿人长久，千里共婵娟"出自宋朝苏轼的《水调歌头》，表达了词人思念之情，作者思念的是：（　　）

A. 妻子　　　B. 兄弟　　　C. 朋友　　　D. 父亲

42. 宣纸是中国传统的书画用纸，"宣纸"一名源自它的：（　　）

A. 用途　　　B. 材质　　　C. 产地　　　D. 使用人群

43. 农历是中国汉族传统历法，又有夏历、汉历、阴历等名称，农历

五月的别称是：（　）

　　A.杏月　　　　　B.桃月　　　　　C.榴月　　　　　D.荷月

44.《三国演义》中刘备三顾茅庐时，见到诸葛亮草庐前悬挂了一副对联，写的是：（　）

　　A.淡泊以明志，宁静而致远　　　B.鞠躬尽瘁，死而后已

45.下面选项中哪一个是明末清初的"八大山人"？（　）

　　A.一位画家　　　B.八位画家

46.《岁寒三友图》成为画家表达超然高洁之气概的固定程式，不应出现在图中的植物是：（　）

　　A.兰　　　　　B.梅　　　　　C.竹

47.古人写了很多诗描写古琴，下面不是描写古琴的诗句是：（　）

　　A.欲把心事付瑶琴　　　　　B.一弦一柱思华年

　　C.为我一挥手，如听万壑松　　　D.寒苦不忍言，为君奏丝桐

【答案】

1.A　2.B　3.A　4.B　5.B　6.A　7.B　8.B　9.A　10.B
11.B　12.C　13.A　14.B　15.B　16.B　17.D　18.C　19.B　20.C
21.B　22.B　23.B　24.B　25.B　26.B　27.B　28.B　29.A　30.A
31.B　32.A　33.D　34.A　35.B　36.B　37.B　38.D　39.C　40.B
41.B　42.C　43.C　44.A　45.A　46.A　47.B

二、数字里的传统文化

1.五湖

鄱阳湖：古称彭泽，明代改称现名。是中国第一大淡水湖，也是世界上最大的鸟类保护区，被称为"白鹤世界""珍禽王国"。

鄱阳湖

洞庭湖：中国第二大淡水湖，是长江重要的调蓄湖泊。

洞庭湖

太湖：古称震泽，又名笠泽，是中国第三大淡水湖。太湖河口众多，主要进出河流有 50 余条。湖中有岛屿 50 多个，其中 18 个岛屿有人居住。

太湖

巢湖：曾称南巢、居巢湖，俗称焦湖，是长江水系下游湖泊，位于安徽省中部。

巢湖

洪泽湖：古称富陵湖，两汉以后称破釜塘，隋称洪泽浦，唐代始名洪泽湖。是中国第四大淡水湖，素有"日出斗金"的美誉。

洪泽湖

2. 四大名桥

　　广济桥：古称康济桥、丁侯桥、济川桥，俗称湘子桥，位于潮州古城东门外，横跨韩江，联结东西两岸，为古代广东通向闽浙的交通要津，也是潮州八景之一。

广济桥

　　赵州桥：又称安济桥，坐落在河北省赵县洨河上，横跨在37米多宽的河面上，因桥体全部用石料建成，俗称大石桥。建于隋朝，由著名工匠李春设计建造，距今已有1400多年的历史，是当今世界上保存最完整的古代单孔敞肩石拱桥。

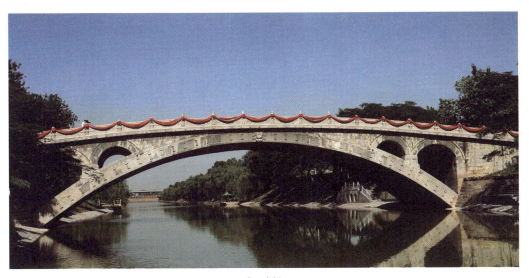

赵州桥

洛阳桥：原名万安桥，位于洛阳口，距福建泉州城 5 千米。由北宋泉州太守蔡襄主持修建，是中国现存最早的跨海石桥。

洛阳桥

卢沟桥：亦作芦沟桥，坐落在北京市丰台区。因横跨卢沟河（即永定河）而得名，是北京市现存最古老的石造联拱桥。

卢沟桥

3. 四大名园

　　颐和园：清朝时期的皇家园林，前身为清漪园，坐落在北京西郊，与圆明园毗邻。它是以昆明湖、万寿山为基址，以杭州西湖为蓝本，汲取江南园林的设计手法而建成的一座大型山水园林，也是保存最完整的一座皇家行宫御苑，被誉为"皇家园林博物馆"。

颐和园

　　承德避暑山庄：清代皇帝避暑和处理政务的场所。位于河北省承德市市区北部。始建于1703年，历经清康熙、雍正、乾隆三朝，耗时89年建成。

　　拙政园：位于江苏省苏州市，始建于明正德初年（16世纪初），是江南古典园林的代表作品。园南还建有苏州园林博物馆，是国内唯一的园林专题博物馆。

承德避暑山庄

　　留园：位于江苏省苏州阊门外，以园内建筑布置精巧、奇石众多而闻名，被誉为"吴下名园之冠"。

留园

4. 四大名楼

　　岳阳楼：位于湖南省岳阳市古城西门城墙之上，下瞰洞庭，前望君山，自古有"洞庭天下水，岳阳天下楼"之美誉。北宋范仲淹脍炙人口的《岳阳楼记》更使岳阳楼著称于世。

岳阳楼

　　黄鹤楼：位于湖北省武汉市长江南岸的蛇山之巅，享有"天下江山第一楼""天下绝景"之称。黄鹤楼是武汉市标志性建筑，与晴川阁、古琴台并称"武汉三大名胜"。李白在此写下《黄鹤楼送孟浩然之广陵》。

黄鹤楼

　　滕王阁：位于江西省南昌市西北部沿江路赣江东岸，始建于唐朝永徽四年（653 年），因唐太宗李世民之弟——"滕王"李元婴始建而得名，又因王勃的《滕王阁序》而为后人熟知。

滕王阁

大观楼：位于云南昆明市近华浦南面，三重檐琉璃戗角木结构建筑。清康熙三十五年（1696 年）始建二层楼宇。乾隆年间，孙髯翁为其撰写长联，由名士陆树堂书写刊刻，大观楼因长联而成为中国名楼。

大观楼

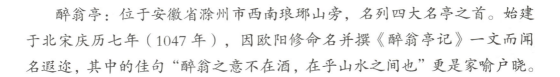

5. 四大名亭

醉翁亭：位于安徽省滁州市西南琅琊山旁，名列四大名亭之首。始建于北宋庆历七年（1047 年），因欧阳修命名并撰《醉翁亭记》一文而闻名遐迩，其中的佳句"醉翁之意不在酒，在乎山水之间也"更是家喻户晓。

陶然亭：清代名亭，位于北京南城。清康熙三十四年（1695 年），工部郎中江藻在慈悲庵内创建此亭，并取唐代诗人白居易"更待菊黄佳酿熟，与君一醉一陶然"之意，题名"陶然"。

醉翁亭

　　爱晚亭：位于湖南省岳麓山下清风峡中，始建于清乾隆五十七年（1792年），名字来源于杜牧的七言绝句《山行》。

爱晚亭

湖心亭：位于西湖中央。在宋、元时曾有湖心寺，后倾圮。明代建振鹭亭，是湖心亭的前身。在湖心亭极目四眺，湖光山色尽收眼底，在西湖十八景中叫"湖心平眺"。

6. 四大碑林

西安碑林：位于陕西省西安市南城墙魁星楼下，因碑石丛立如林而得名。这是收藏古代碑石时间最早、名碑最多的汉族文化艺术宝库。它始建于北宋哲宗元祐二年（1087年），原为保存唐开元年间镌刻的《十三经》《石台孝经》而建，后经历代收集，规模逐渐扩大，清始称"碑林"。

西安碑林

孔庙碑林：位于北京安定门内国子监东面的孔庙，共有198块碑刻，记录着元、明、清三个朝代600年来51 624名进士的姓名、籍贯和录取名次。孔庙碑林见证了旧时的科举制度。

19

孔庙碑林

　　地震碑林：位于四川省西昌市南泸山光福寺内，共有石碑100余块。石碑上记有西昌、冕宁、甘洛、宁南等地历史上发生的几次大地震的情况。

地震碑林

南门碑林：又名大碑林，位于台湾高雄。碑亭内陈列了61块清代遗留至今的碑碣。这些古碑的历史来源，大致上可分为纪功、修筑、建筑图、捐题、墓道、示告等6类，若细细阅读其内容，还可得知许多当时的社会概况，十分有趣。

7. 四大石窟

莫高窟：俗称千佛洞，坐落在河西走廊西端的敦煌。始建于十六国的前秦时期，历经十六国、北朝、隋、唐、五代、西夏、元等历代的兴建，形成巨大的规模，有洞窟735个，壁画4.5万平方米、泥质彩塑2415尊，是世界上现存规模最大、内容最丰富的佛教艺术宝库。

莫高窟

云冈石窟：位于山西省大同市西郊的武周山南麓，石窟依山开凿，东西绵延1千米。存有主要洞窟45个，大小窟龛252个，石雕造像51 000余尊，为中国规模最大的古代石窟群之一。

云冈石窟

龙门石窟：位于河南洛阳。开凿于北魏孝文帝年间，之后历经东魏、西魏、北齐、隋、唐、五代、宋等朝代连续大规模营造达400余年之久，南北长达1千米。今存有窟龛2345个，造像10万余尊，碑刻题记2800余品。其中"龙门二十品"是书法魏碑精华，褚遂良所书的"伊阙佛龛之碑"则是初唐楷书艺术的典范。

麦积山石窟：位于甘肃天水市，因山形酷似农家麦垛之状而得名。存有221座洞窟、10 632尊泥塑石雕、1300余平方米壁画，以其精美的泥塑艺术闻名世界。

龙门石窟

麦积山石窟

8. 四大书院

白鹿洞书院：位于江西庐山五老峰南麓。宋朝书院讲学之风盛行。白鹿洞书院因朱熹和陆九渊等曾在此讲学或辩论，成为理学的传播中心，被誉为"天下书院之首"。

白鹿洞书院

岳麓书院：位于湖南省长沙市湘江西岸的岳麓山下。北宋开宝九年（976年），潭州太守朱洞在僧人办学的基础上，正式创立岳麓书院。

嵩阳书院：位于河南省登封市城北 3 千米峻极峰下，因坐落在嵩山之阳而得名。嵩阳书院因其独特的儒学教育建筑性质，被称为研究中国古代书院建筑、教育制度以及儒家文化的"标本"。

岳麓书院

嵩阳书院

应天府书院：又称应天书院、南都学舍，位于河南省商丘市睢阳区商丘古城南湖畔。其前身为睢阳书院，北宋大中祥符二年（1009年），宋真宗正式赐额"应天府书院"。史载"州郡置学始于此"。

应天府书院

9. 四大佛教名山

普陀山：位于浙江舟山群岛，是著名的海岛风景旅游胜地。

五台山：位于山西省境内，其中最著名的五大禅寺有显通寺、塔院寺、文殊寺、殊像寺、龙虎寺。

普陀山

五台山

峨眉山：位于四川省峨眉山市境内，最高峰万佛顶海拔3099米，是集自然风光与佛教文化为一体的国家级山岳型风景名胜。

峨眉山

九华山：位于安徽省池州市，以"香火甲天下""东南第一山"的双重桂冠而闻名于海内外。

10. 四大道教名山

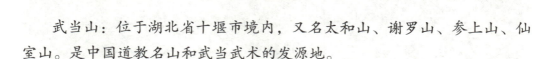

武当山：位于湖北省十堰市境内，又名太和山、谢罗山、参上山、仙室山。是中国道教名山和武当武术的发源地。

武当山

龙虎山：位于江西省鹰潭市西南，是中国道教的发祥地之一，其道教圣地、碧水丹山与古崖墓群被誉为"三绝"。

齐云山：古称白岳。位于安徽省黄山市休宁县城西15千米处，海拔585米。历史上素有"黄山白岳甲江南"之美誉。

青城山：位于四川省都江堰市西南。道教全真道圣地，中国道教发祥地之一。

青城山

11. 三皇

伏羲（xī）：上古部落首领，古籍中记载的最早的王。相传伏羲人首蛇身，与妹妹女娲（wā）结婚，生儿育女。他根据天地万物的变化，创造了八卦；他又结绳为网，用来捕鸟打猎，还教人们渔猎的方法。

伏羲

燧（suì）人：上古部落首领，被奉为"火祖"。相传燧人是伏羲与女娲的父亲。他发明了钻木取火的方法，从此人们结束了茹（rú）毛饮血的生活。

神农：上古部落首领。相传他教人开垦荒地，从事农业生产；他还亲尝百草，发明了医药。还有一种说法，认为神农就是炎帝。

神农

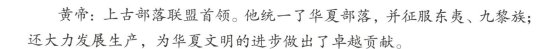

12. 五帝

黄帝：上古部落联盟首领。他统一了华夏部落，并征服东夷、九黎族；还大力发展生产，为华夏文明的进步做出了卓越贡献。

黄帝

颛顼（zhuān xū）：上古部落联盟首领，相传是黄帝之孙。

帝喾（kù）：上古部落联盟首领，相传是黄帝的曾孙。

唐尧：上古部落联盟首领，相传是帝喾之子。他在位时得到人民的广泛爱戴，被后世儒家奉为贤明君主的典型。

虞舜（yú shùn）：上古部落联盟首领，相传是颛顼的六世孙。他受尧的"禅让"成为部落联盟首领，也是儒家推崇的贤明君主的典型。

三、中国的十大国粹（6—10）

6. 中国茶

中国是茶的故乡。茶，相传始于神农时代，与中华文化相伴已走过数千年的历史长河。源远流长的中国茶文化，糅合了儒、道、释诸家思想，独成一体，历久弥新，生生不息。

知识拓展

中国茶业，最初兴于巴蜀，其后向东部和南部传播开来，最终遍及全国。到了唐代，又传至日本和朝鲜，16世纪后被西方引进。

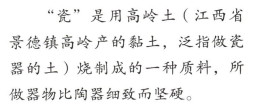

7. 中国瓷器

"瓷"是用高岭土（江西省景德镇高岭产的黏土，泛指做瓷器的土）烧制成的一种质料，所做器物比陶器细致而坚硬。

中国是瓷器的故乡，举世闻名的中国瓷器，是中华民族的伟大发明创造。大约在公元前16世纪的商代中期，中国就出现了早期的瓷器。瓷器的发明是汉民族对世界文明的伟大贡献，在英文中"瓷器（china）"与中国（China）同为一词。

汝瓷，是北宋时期主要代表瓷，因产于汝州而得名。汝窑位居宋代"汝、官、哥、钧、定"五大名窑之首，在中国陶瓷史上素有"汝窑为魁"之称。

汝瓷文化又是宋代文化的一个重要组成部分。它以其工艺精湛、造型秀美、釉面蕴润、高雅素净的风韵而独具风采，是我国青瓷发展史上一个划时代的重要标志。

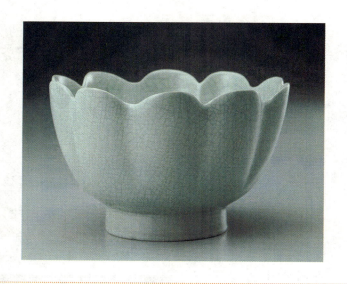

8. 中国围棋

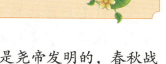

围棋起源于中国，古时称围棋为"弈"，相传是尧帝发明的，春秋战国时代即有记载。隋唐时经朝鲜传入日本，后流传到欧美各国。有学者认为，围棋蕴含着汉民族文化的丰富内涵，是中国文化与文明的体现。

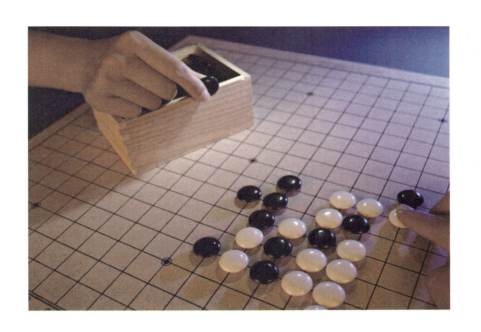

9.剪纸

　　剪纸是我国民间传统的手工艺术，至今已有 1500 多年的历史。2006 年 5 月，剪纸艺术经国务院批准列入第一批国家级非物质文化遗产名录。

佛山剪纸是古老的汉族民间艺术，在宋代已有流传，盛于明清两代。其风格金碧辉煌、苍劲古拙，结构雄伟奔放，用色夸张富丽，以剪、刻、凿、印、写、衬等技艺并用，材料和表现手法巧妙结合，具有鲜明的地方特色。由于制作方法的差异，大致可分为纯色剪纸、铜衬料、例写料、纸写料、金花、银写料等几种。

10. 刺绣

刺绣，古代称之为针绣，是用绣针引彩线，将设计的花纹在纺织品上刺绣运针，以绣迹构成花纹图案的一种工艺。刺绣是中国古老的手工技艺之一，已经有 2000 多年历史了。在传统刺绣工艺中，苏绣、湘绣、粤绣和蜀绣并称为四大名绣。

四、中国文学之最

1. 古代最著名的长篇神话小说——《西游记》

《西游记》，明吴承恩著。我国古代第一部浪漫主义长篇神话小说，与《红楼梦》《三国演义》《水浒传》并称中国古典长篇小说四大名著。《西游记》是我国文学史上一部最杰出的充满奇思异想的神话小说。作者吴承恩运用浪漫主义手法，描绘了一个色彩缤纷、神奇瑰丽的幻想世界，创造了一系列妙趣横生、引人入胜的神话故事。

　　《三国演义》，明罗贯中著。我国古代最著名的长篇历史小说，古典长篇小说四大名著之一。《三国演义》原名《三国志通俗演义》，是根据民间长期流传的刘、关、张桃园三结义的故事编成的。作者罗贯中被后人公认为中国的章回小说鼻祖。章回小说特色是分章叙事，分回标目，每回故事相对独立，段落整齐，但又前后勾连、首尾相接，全书构成统一的整体。

　　《水浒传》，元末明初施耐庵著。我国最早写农民起义的长篇小说，古典长篇小说四大名著之一。《水浒传》主要以农民起义的发生、发展过程为主线，通过各个英雄被逼上梁山的不同经历，描写出他们由个体觉醒到反抗，到发展为盛大的农民起义队伍的全过程，表现了"官逼民反"这一封建时代农民起义的必然规律，塑造了农民起义领袖的群体形象，深刻反映出北宋末年的政治状况和社会矛盾。

　　《红楼梦》，清曹雪芹著。我国古代最伟大的现实主义长篇小说，古典长篇小说四大名著之首，被誉为中国封建社会的百科全书，也是世界文学经典巨著之一。《红楼梦》问世后，引起人们对它评论和研究的兴趣，并形成一种专门的学问——红学。

5. 古代最杰出的文言短篇小说集——《聊斋志异》

　　《聊斋志异》，清蒲松龄著。古代最杰出的文言短篇小说集，简称《聊斋》，俗名《鬼狐传》，为清代著名小说家蒲松龄创作的短篇小说集。《聊斋志异》的意思是在书房里记录奇异的故事。《聊斋志异》在艺术上代表着我国文言短篇小说的最高成就，它博采历代文言短篇小说以及史传文学艺术精华，用浪漫主义的创作方法，造奇设幻，描绘鬼狐世界，情节离奇曲折，富于变化，从而形成了独特的艺术特色。

6. 古代最早的语录体散文——《论语》

　　《论语》，我国春秋时期一部优秀的语录体散文集，是儒家学派经典之作，主要记录孔子及其弟子的言行。它较为集中地反映了孔子的思想，由孔子弟子及再传弟子编纂而成。现存《论语》20篇，492章，其中记录孔子与弟子及他人之间的谈论约 444 章，记孔门弟子相互之间的谈论 48 章。南宋时，朱熹将《论语》与《孟子》《大学》《中庸》合为"四书"。

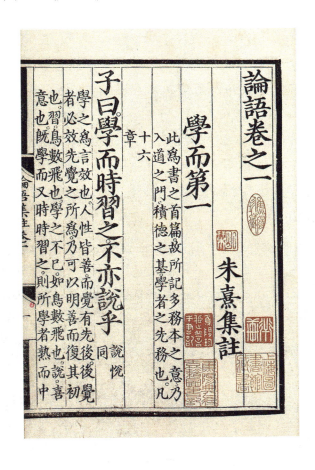

7. 古代最早的纪传体通史——《史记》

《史记》，我国历史上第一部纪传体通史，被列为"二十四史"之首。《史记》的作者是司马迁，字子长，西汉史学家、文学家，他花了 13 年的时间完成了这部伟大的百科全书式的通史。鲁迅先生称《史记》为"史家之绝唱，无韵之离骚"，真是当之无愧。

五、我国拥有的50项世界遗产（26—50）

26.红河哈尼梯田文化景观

　　红河哈尼梯田位于云南红河哈尼族彝族自治州元阳县，是亚热带季风气候下、崇山峻岭环境中人类生态系统的杰出范例。以"四素同构"为特色和架构的生产生活方式，反映了人与自然的完美和谐，展现了人类在极限自然条件下顽强的生存能力、伟大的创造力和乐观精神。

27.高句丽王城、王陵及贵族墓葬

　　高句丽（前37—668）曾是中国东北地区影响较大的少数民族政权之一。其主要的历史遗迹大量地存续于中国的吉林省和辽宁省，具有重要的历史文化价值。其中的王城、王陵和贵族墓更弥足珍贵。

28. 福建土楼

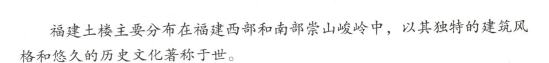

　　福建土楼主要分布在福建西部和南部崇山峻岭中，以其独特的建筑风格和悠久的历史文化著称于世。

29. 开平碉楼与村落

在广州开平市内，碉楼星罗棋布，城镇农村，举目皆是，多者一村十几座，少者一村二三座。从水口到百合，又从塘口到蚬冈、赤水，纵横数十千米连绵不断，蔚为大观。

30. 云冈石窟

云冈石窟位于山西省大同市西郊的武周山南麓。石窟依山开凿，东西绵延1千米，为中国规模最大的古代石窟群之一，与敦煌莫高窟、洛阳龙门石窟和天水麦积山石窟并称为"中国四大石窟艺术宝库"。

31. 澳门历史城区

澳门历史城区是一片以澳门旧城区为核心的历史街区，保存了澳门四百多年中西文化交流的历史精髓，是中国现存最古老的西式建筑遗产，是东西方建筑艺术的综合体现。

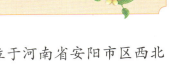

32. 殷墟

　　殷墟是中国奴隶社会商朝后期的都城遗址，位于河南省安阳市区西北小屯村一带，距今已有3300多年历史。因其出土了大量的甲骨文和青铜器而驰名中外。

33. 中国丹霞

　　丹霞，指的是一种有着特殊地貌特征以及与众不同的红颜色的地貌景观。"中国丹霞"由福建泰宁、湖南崀山、广东丹霞山、江西龙虎山、浙江江郎山和贵州赤水等6个提名地组成。

34. 澄江化石地

　　澄江化石地位于云南省澄江县帽天山附近，是保存完整的寒武纪早期古生物化石群，为研究地球早期的生命起源、演化、生态等提供了宝贵的材料。

35. 平遥古城

平遥古城位于山西省中部的平遥县内，是一座具有2700多年历史的文化名城。平遥古城是中国汉民族城市在明清时期的杰出范例，为人们展示了一幅非同寻常的汉族文化、社会、经济及宗教发展的完整画卷。

36. 武当山古建筑群

武当山位于湖北省十堰市境内。武当山古建筑中的宫阙庙宇集中体现了中国元、明、清三代汉族世俗和宗教建筑的建筑学和艺术成就。

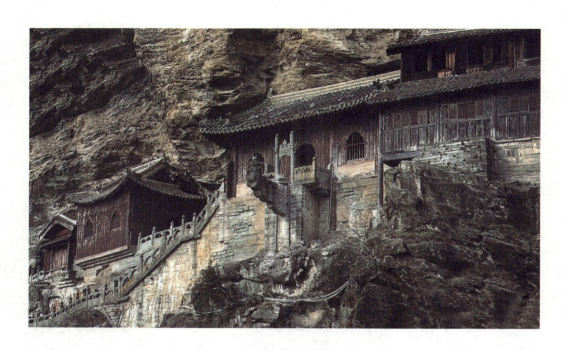

37. 丽江古城

丽江古城位于云南省丽江纳西族自治县，始建于宋末元初，面积1.6平方千米。古城的建筑历经岁月的洗礼，饱经沧桑，因融汇了多个民族的文化特色而声名远扬。

38. 承德避暑山庄

　　承德避暑山庄位于河北省承德市市区北部。占地564万平方米，是中国现存占地最大的古代帝王宫苑。

39. 武夷山

　　武夷山位于福建省武夷山市南郊。它拥有一系列优秀的考古遗址和遗迹，包括建于公元前1世纪的汉城遗址、大量寺庙和与公元11世纪产生的朱子理学相关的书院遗址。

40. 中国大运河

　　中国大运河由隋唐大运河（卫河、通济河段）、京杭大运河（通惠河、北运河、南运河、会通河、中河、淮扬运河、江南运河段）、浙东运河三大部分十段河道组成，全长2700千米（含遗产河道1011千米），是中国古代南北交通的大动脉。

41. 西递、宏村

　　西递和宏村是安徽南部民居中最具有代表性的两座古村落，它们以世外桃源般的田园风光、保存完好的村落形态、工艺精湛的徽派民居和丰富多彩的历史文化内涵而闻名天下。

42. 大足石刻

　　大足石刻位于重庆市大足区境内，它是唐末、宋初时期的宗教摩崖石刻，以佛教题材为主，儒、道教造像并陈，尤以北山摩崖造像和宝顶山摩崖造像最为著名。

43. 明清皇家陵寝

　　明清皇家陵寝分布于北京、河北、辽宁、江苏、安徽、湖北等地。其中，明皇家陵寝有明孝陵、明十三陵、明显陵、景泰陵等，清皇家陵寝有清永陵、清福陵、清昭陵、清东陵、清西陵等。

44. 黄龙风景区

　　黄龙风景区位于四川省西北部，是由众多雪峰和中国最东部的冰川组成的山谷。这一地区还生存着许多濒临灭绝的动物，包括大熊猫和四川疣鼻金丝猴。

45. 武陵源风景区

　　武陵源风景区位于湖南省西北部。这里遍地奇花异草，苍松翠柏蔽日遮天，奇峰异石突兀耸立。置身其间，犹如到了一个神奇的世界和趣味天成的山水长廊。

46. 三江并流

　　三江并流是指金沙江、澜沧江和怒江这三条发源于青藏高原的大江在云南省境内自北向南并行奔流 170 多千米，穿越担当力卡山、高黎贡山、怒山和云岭等崇山峻岭之间，形成世界上罕见的"江水并流而不交汇"的奇特自然地理景观。

怒江　　澜沧江　　金沙江

47. 大熊猫栖息地

　　大熊猫栖息地位于四川省境内，地跨成都、阿坝、雅安和甘孜 4 市州的 12 个县（或县级市），面积 9245 平方千米。它保存的野生大熊猫占全世界 30% 以上，是全球最大、最完整的大熊猫栖息地。

48. 中国土司遗产

　　中国土司遗产分布于南方多民族聚居的湘鄂黔三省交界的武陵山区，包括湖南永顺老司城遗址、湖北唐崖土司城遗址和贵州播州海龙屯遗址。三处遗址均是土司制度鼎盛时期的遗存。

49. 左江花山岩画

　　左江花山岩画位于广西崇左市。岩画为战国至东汉时期生息繁衍于此的中国南方壮族先民骆越人所绘制。场面宏大的赭红色岩画群，以"蹲式人形"为基础符号，记录了距今约2000年前的祭祀场景，与岩画所在的山崖、山崖下的河流、对面的台地，共同构成了神秘而震撼的左江花山岩画文化景观。

50. 神农架

湖北神农架在生物多样性、地带性植被类型、垂直自然带谱、生态和生物过程等方面在全球具有独特性，拥有世界上最完整的垂直自然带谱。

六、我国拥有的37项非物质文化遗产（16—37）

16. 呼麦

呼麦又名"浩林·潮尔"，是蒙古族独有的一种神奇的喉音演唱艺术，它纯粹用人身体的发声器官在同一时间里唱出两个声部，从而形成在人类歌唱艺术史上罕见的多声部发音形态。

17. 妈祖信俗

妈祖是在中国影响最大的航海保护神。妈祖又被人们称为天妃、天后、天上圣母、娘妈，是历代船工、海员和渔民共同信奉的神祇。

18. 中国篆刻

中国篆刻是以石材为主要材料，以刻刀为工具，以汉字为表象，并由中国古代的印章制作技艺发展而来的一门独特的镌刻艺术，至今已有3000多年的历史。

19. 龙泉青瓷传统烧制技艺

龙泉青瓷传统烧制技艺是一种具有制作性、技能性和艺术性的传统手工艺，至今已有1700余年的历史。

20. 中国传统木结构营造技艺

中国传统木结构营造技艺是以木材为主要建筑材料，以榫卯为木构件的主要结合方法，以模数制为尺度设计和加工生产手段的建筑营造技术体系。营造技艺以师徒之间言传身教的方式世代相传。

21. 中国剪纸

中国剪纸是用剪刀或刻刀在纸上剪刻花纹，用于装点生活或配合其他民俗活动的一种民间艺术。其传承赓续的视觉形象和造型格式，蕴涵了丰富的文化历史信息，表达了广大民众的社会认识、道德观念、实践经验、生活理想和审美情趣，具有认知、教化、娱乐、交往等多重社会价值。

22. 端午节

　　端午节是中国的传统节日，在农历五月初五，迄今已有2500余年历史。由驱毒避邪的节令习俗衍生出各地丰富多彩的祭祀、游艺、保健等民间活动，主要有祭祀屈原、纪念伍子胥、插艾蒿、挂菖蒲、喝雄黄酒、吃粽子、龙舟竞渡、除五毒等。端午节是蕴涵独特民族精神和丰富文化内涵的传统节日，对中国民俗生活有重大影响。

23.《格萨(斯)尔》史诗

《格萨(斯)尔》是相关族群社区宗教信仰、本土知识、民间智慧、族群记忆、母语表达的主要载体,是唐卡、藏戏、弹唱等传统民间艺术创作的灵感源泉,同时也是现代艺术形式的源头活水。

24. 侗族大歌

侗族大歌是无伴奏、无指挥的侗族民间多声部民歌的总称。包括声音歌、叙事歌、童声歌、踩堂歌、拦路歌。它所承载和传递的是一个民族的生活方式、社会结构、人伦礼俗、智慧精髓等至关重要的文化信息。

25.中国雕版印刷技艺

雕版印刷技艺是运用刀具在木板上雕刻文字或图案,再用墨、纸、绢等材料刷印、装订成书籍的一种特殊技艺,迄今已有1300多年的历史,比活字印刷技艺早400多年,是最早在中国出现的印刷形式。

26. 甘肃花儿

"花儿"是产生于明代初年（1368 年前后），流传在中国西北部甘、青、宁三省（区）的汉、回、藏、东乡、保安、撒拉、土、裕固、蒙等民族中共创共享的民歌。

27.《玛纳斯》史诗

柯尔克孜史诗《玛纳斯》传唱千年，是中国三大史诗之一，其演唱异文繁多、篇幅宏大，其中最有名的是玛纳斯及其后世共 8 代英雄的谱系式传奇叙事，长达 23.6 万行，反映了柯尔克孜人丰富的传统生活，是柯尔克孜人的杰出创造和口头传承的"百科全书"。

28. 南京云锦织造技艺

南京云锦织造技艺存续着中国皇家织造的传统，是中国织锦技艺最高水平的代表。

29. 皮影戏

中国皮影戏是一种以皮制或纸制的彩色影偶形象，伴随音乐和唱腔表演故事的戏剧形式。皮影艺术有许多绝技，诸如即兴演唱、假声扮演，

一个人同时操纵数个影偶，以及能演奏多种不同的乐器。

30. 中医针灸

　　针灸发源于中国，是中医的重要组成部分，也是中国优秀民族文化的代表。中医针灸是中华民族智慧与创造力的体现，其历代延续的完整知识体系和稳定的实践效果获得了世界范围的认可，为保障相关群体的生命健康发挥着重要作用。

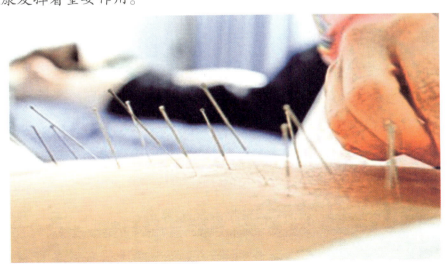

31. 羌年

羌年是羌族传统节日，又称小年，于每年农历十月一日举行。节日里，家人团聚，各户都用面粉做成各种形状的鸡、羊、牛等祭品，用以祭祖，然后把羊肉分给各家各户，再邀请亲友邻里到家，饮自酿的"砸酒"，边饮边歌。

32. 黎族传统纺染织绣技艺

黎族传统纺染织绣技艺是一项传统手工技艺，包括纺、染、织、绣四大工序。黎族棉纺织工艺曾长期领先于华夏各民族，直到宋元时期，仍位居全国的前列。

33. 中国木拱桥传统营造技艺

中国木拱桥传统营造技艺主要包括选桥址、建桥台、测水平、搭拱架、上剪刀苗、立马腿、架桥屋等重要步骤，其核心技术是搭建拱架。伴随着木拱桥从动工兴建到完工的整个过程，还产生出一系列文化民俗活动，有择日起工、置办喜梁、祭河动工、上梁喝彩、取币赏众、踏桥开走、上喜梁福礼、完桥福礼、安置神龛等。

34. 新疆维吾尔族麦西热甫

麦西热甫是一种舞蹈和娱乐活动形式的名称，指那种有众多人员参加，以歌舞为主的大型自娱自乐活动。

35. 中国活字印刷术

活字印刷术是一种古代印刷方法，是印刷史上一次伟大的技术革命。北宋庆历间毕昇发明的泥活字标志着活字印刷术的诞生。

36. 中国水密隔舱福船制造技艺

中国水密隔舱福船制造技艺是福建沿海木船制造的一项重要技艺，以樟木、松木、杉木为主要材料，采用榫接、艌缝等核心技艺，使船体结构牢固，舱与舱之间互相独立，形成密封不透水的结构形式。水密隔舱造船技术是汉族劳动人民在造船方面的一大发明，大约发明于唐代，宋以后被普遍采用。

37. 赫哲族伊玛堪说唱

伊玛堪是东北地区赫哲族的独特说唱艺术，表演形式为一个人说唱结合地进行徒口叙述，无乐器伴奏。这种独特的艺术形式在传承赫哲族语言、信仰、民俗和习惯方面发挥了关键作用。

第二章

中华民族优秀文化积累

第一节　老家规

　　"国有国法，家有家规。"一个国家有一个国家的法律，一个家庭有一个家庭的规矩，这个规矩就相当于国家的法律。运用家训教诫家人、子弟在我国已有三千多年的历史，端蒙养、重家教是中华民族的优良传统。在我国古代家庭教育实践中，"家训"占有十分重要的地位。由于中国传统政治思想、伦理思想特别强调修身、齐家与治国、平天下的密切联系，以"整齐门内，提撕子孙"为目的的家训，历来受到人们的重视，并成为中华民族传统文化宝库中独具特色的部分。

　　1. 不许吧嗒嘴儿。

　　2. 不许叉着腿儿。

　　3. 不许斜楞眼儿。

　　4. 不许罗着锅儿。

5. 不许不称长辈为您。

6. 不许捋袖管儿。

7. 不许挽裤腿儿。

8. 不许搅菜碟儿。

9. 不许筷插碗儿。

10. 不许喂牙花儿。

11. 不许抖落腿儿。

12. 不许不叫尊称或名字就说话。

13. 不许当众咋呼。

14. 不许说瞎话。

15. 夹菜不过盘中线。

16. 不许吃饭咬着筷子。

17. 不许壶嘴对着人。

18. 吃菜不许满盘子乱挑，只能夹眼前的。

19. 吃饭前要礼貌性地招呼长辈，长辈坐下说"吃饭"才能吃。

20. 做客时，主人动筷子客人才能动。

21. 不许拿筷子、勺子敲碗。

22. 不许反着手给人倒水或倒酒。

23. 吃饭不能稀里呼噜出声。

24. 不许压人肩膀。

25. 倒茶不能倒满。

26. 做客不能坐人家的床。

27. 做客不许进没有人的房间。

28. 站不倚门，话不高声。

29. 回家要跟长辈打招呼。

30. 出门要说一声。

第二节　常言俗语

一、慎行做好人

小时偷针，长大偷金。

善有善报，恶有恶报。

不做亏心事，不怕鬼叫门。

知足得安宁，贪心易招祸。

不是你的财，别落你的袋。

打人两日忧，骂人三日羞。

劝人终有益，挑唆害无穷。

若要人不知，除非己莫为。

知过不难改过难，言善不难行善难。

不图便宜不上当，贪图便宜吃大亏。

害人之心不可有，防人之心不可无。

二、耕耘有收获

拳不离手，曲不离口。

流多少汗，吃多少饭。

不怕山高，就怕脚软。

勤是摇钱树，俭是聚宝盆。

台上一分钟，台下十年功。

常说嘴里顺，常写手不笨。

百闻不如一见，百见不如一干。

光说不练假把式，光练不说真把式。

不下水，一辈子不会游泳；不扬帆，一辈子不会撑船。

三、敢为天下先

有志者，事竟成。

初生牛犊不怕虎。

天下无难事，只怕有心人。

明知山有虎，偏向虎山行。

不怕学不成，就怕心不诚。

有山必有路，有水必有渡。

有志者立长志，无志者常立志。

四、做事有方法

磨刀不误砍柴工。

好汉不吃眼前亏。

远水解不了近渴。

秤砣虽小压千斤。

饱带干粮热带衣。

巧妇难为无米之炊。

五、修身平天下

宰相肚里能撑船。

君子一言，驷马难追。

取人之长，补己之短。

好借好还，再借不难。

滴水之恩，当涌泉相报。

有志不在年高，无志空活百岁。

静时常思己过，闲谈莫论人非。

忍一时风平浪静，退一步海阔天空。

六、我是大医生

春捂秋冻，不生杂病。

热水洗脚，胜过补药。

饥不暴食，渴不狂饮。

早吃好，午吃饱，晚吃少。

若要身体安，三分饥和寒。

饭后百步走，活到九十九。

吃饭不要闹，饭后不要跳。

大蒜是个宝，常吃身体好。

人是铁饭是钢，一顿不吃饿得慌。

冬吃萝卜夏吃姜，不劳医生开药方。

头要冷，脚要暖，肚子里面别太满。

七、市井亦文化

远亲不如近邻。

井水不犯河水。

人逢喜事精神爽。

好马不吃回头草。

家家有本难念的经。

八仙过海，各显其能。

江山易改，本性难移。

萝卜白菜，各有所爱。

民以食为天，食以安为先。

十里不同风，百里不同俗。

人不可貌相，海水不可斗量。

水至清则无鱼，人至察则无徒。

一个和尚挑水吃，两个和尚抬水吃，三个和尚没水吃。

第三节　诗词佳句

1. 海内存知己，天涯若比邻。　　（唐·王勃《送杜少府之任蜀州》）

2. 欲穷千里目，更上一层楼。　　（唐·王之涣《登鹳雀楼》）

3. 清水出芙蓉，天然去雕饰。　　　　（唐·李白《论诗》）

4. 大鹏一日同风起，扶摇直上九万里。　　（唐·李白《上李邕》）

5. 谁言寸草心，报得三春晖。　　　（唐·孟郊《游子吟》）

6. 晴空一鹤排云上，便引诗情到碧霄。　　（唐·刘禹锡《秋词》）

7. 沉舟侧畔千帆过，病树前头万木春。

（唐·刘禹锡《酬乐天扬州初逢》）

8. 山不在高，有仙则名；水不在深，有龙则灵。

（唐·刘禹锡《陋室铭》）

9.年年岁岁花相似，岁岁年年人不同。（唐·刘希夷《代悲白头翁》）

10.采得百花成蜜后，为谁辛苦为谁甜？ （唐·罗隐《蜂》）

11.谁知盘中餐，粒粒皆辛苦。 （唐·李绅《悯农》）

12.春蚕到死丝方尽，蜡炬成灰泪始干。 （唐·李商隐《无题》）

13.海阔凭鱼跃，天高任鸟飞。 （宋·阮阅《诗话总龟前集》）

14.衣带渐宽终不悔，为伊消得人憔悴。

（宋·柳永《蝶恋花·伫倚危楼风细细》）

15.问渠那得清如许，为有源头活水来。 （宋·朱熹《观书有感》）

16.旧书不厌百回读，熟读深思子自知。

（宋·苏轼《送安敦秀才失解西归》）

第四节　格言警句

1. 君子之交淡若水，小人之交甘若醴。　　　（《庄子·山木》）
2. 教也者，义之大者也；学也者，知之盛者也。（《吕氏春秋·尊师》）
3. 物以类聚，人以群分。　　　　　　　　　（《战国策·齐策三》）
4. 文武之道，一张一弛。　　　　　　　　　（《礼记·杂记下》）
5. 玉不琢，不成器；人不学，不知道。　　　（《礼记·学记》）
6. 路漫漫其修远兮，吾将上下而求索。　　（战国·屈原《离骚》）

7. 桃李不言，下自成蹊。　　　　　　（《史记·李将军列传》）

8. 燕雀安知鸿鹄之志哉。　　　　　　（《史记·陈涉世家》）

9. 忠言逆耳利于行，良药苦口利于病。　（《史记·留侯世家》）

10. 人固有一死，或重于泰山，或轻于鸿毛。

　　　　　　　　　　　　　（汉·司马迁《报任少卿书》）

11. 智者千虑，必有一失；愚者千虑，必有一得。

　　　　　　　　　　　　　（《史记·淮阴侯列传》）

12. 绳锯木断，水滴石穿。　　　　　　（《汉书·枚乘传》）

13. 若要人不知，除非己莫为。　　　　（汉·枚乘《上书谏吴王》）

14. 疾风知劲草，岁寒见后凋。　　　　（《后汉书·王霸传》）

15. 国以民为本，民以食为天。　　　（《三国志·吴志·陆凯传》）

第五节 增广贤文（节选）

　　《增广贤文》又名《昔时贤文》《古今贤文》，是中国明代时期编写的儿童启蒙读物。《增广贤文》的内容十分广泛，从为人处世之道、礼仪道德到风物典故、天文地理，几乎无所不包。其中有许多关于社会、人生方面的内容，经过千锤百炼，成为警世喻人的格言，还有一些谚语、俗语反映了我国劳动人民千百年来形成的勤劳朴实、谦和待人的优良传统，有的还总结了人们同自然斗争的经验，同时又包含着丰富的人生哲理。

勤学惜时篇

> 光阴似箭，日月如梭。
> 一寸光阴一寸金，
> 寸金难买寸光阴。

【大意】

　　光阴像射出去的箭那样飞驰，又像织布机上的梭子那样运转不停。一寸光阴就像一寸金子那样，值得我们好好珍惜，但一寸金子可买不到一寸光阴。

一年之计在于春，
一日之计在于晨，
一家之计在于和，
一生之计在于勤。

【大意】

　　一年中最重要的是春天，一天中最重要的是早晨，一个家庭最重要的
是和睦，一生中最重要的是勤奋。

读书须用意，
一字值千金。

【大意】

读书一定要用心，因为书里的每个字都价值千金。

枯木逢春犹再发，
人无两度再少年。

【大意】

枯木到了春天会再次发芽的，可人老了却不会再度还童。

黑发不知勤学早，
看看又是白头翁。

【大意】

年轻时不知勤学惜时，转眼间光阴流逝，很快便会成为白发老人。

> 少壮不努力，
> 老大徒伤悲。
> 不患老而无成，
> 只怕幼而不学。

【大意】

年纪小的时候不努力学习上进，等到年纪大了只有枉自悲伤了。一个人不怕老来没有成就，怕就怕小的时候不爱学习。

> 少成若天性，习惯成自然。
> 钝鸟先飞，大器晚成。

【大意】

小时候形成的是一种天性，习惯了之后就成为自然的事情。不善于飞翔的鸟儿应该提前上路，有能力的人往往很晚才取得成就。

 **故事链接**

勤学惜时的司马光

司马光是我国北宋时期著名的政治家，也是当时了不起的大学问家。史学巨著《资治通鉴》就是他编写出来的。

司马光小时候在私塾里上学的时候，总认为自己不够聪明，他甚至觉得自己比别人的记忆力差。为了训练自己的记忆力，他常常要花比别人多两三倍的时间去记忆和背诵书上的东西。每当老师讲完书上的东西，其他同学读了一会儿就能背诵，于是纷纷跑出去玩耍了。司马光却一个人留在学堂里，关上窗户，继续认真地朗读和背诵，直到读得滚瓜烂熟，合上书本，能背得一字也不差，才肯罢休。他还利用一切空闲的时间，比如骑马赶路的时候，或者夜里不能入睡的时候，一面默诵，一面思考文章的内容。久而久之，他不

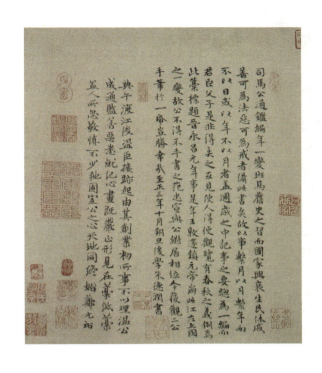

仅对所学的内容能够记诵，而且记忆力也越来越好，少时所学的东西，竟至终身不忘。他从小学习一丝不苟，勤奋用功，为后来著书立说奠定了坚实的基础。

司马光一生坚持不懈地埋头学习、写作，往往忘记饥渴寒暑。他住的地方，除了书本，只有非常简单的摆设：一个板床、一条粗布被子、一个圆木做的枕头。

为什么要用圆木做枕头呢？原来司马光常常读书读到很晚，他读书读累了就会睡一会儿，可是人睡觉的时候是要翻身的，当他翻身的时候，枕头就会滚到一边，这时他的头会碰到木板上，这样一振动，人也就醒了。于是，他就马上披衣起身，点上蜡烛，接着读书。后来他给那个圆木枕头起了个名字，叫"警枕"。

就是凭着这种永不自满、永不懈怠的精神，司马光和他的助手，花了整整19年时间，写成了《资治通鉴》这部历史巨著。

良师益友篇

> 三人同行，必有吾师。
> 择其善者而从之，
> 其不善者而改之。

【大意】

三个人在一起，其中必有我可以学习的人；我要发现他的长处，向他学习。一旦发现了人家的短处，就立刻自省一下，假如自己也有这种短处，就应该坚决加以改正。

> 同君一席话，
> 胜读十年书。

【大意】

同优秀的人交谈一番，胜过苦读十年诗书。

> 良药苦口利于病，
> 忠言逆耳利于行。

【大意】

好药吃起来很苦，可是对疾病很有疗效；忠诚的话听起来刺耳，可是对自己的言行大有帮助。

知我者谓我心忧，
不知我者谓我何求。

【大意】

了解我的人会说我悲天悯人，不了解我的人会说我有什么企图。

近水知鱼性，近山知鸟音。
路遥知马力，日久见人心。

【大意】

亲近水就能了解鱼儿的性情，亲近山就能分辨鸟儿的鸣叫。路途遥远才知道马的脚力如何，时间一长自然会了解人的品性。

青出于蓝而胜于蓝，
冰生于水而寒于水。
长江后浪推前浪，
世上新人赶旧人。

【大意】

青色染料是从蓝草中提炼出来的，但颜色比蓝草更深；冰是水凝结而成的，但比水要寒冷。长江后浪推动前浪，世上新的人才总是会超越旧的人才。

千里送鹅毛，
礼轻情意重。
君子之交淡如水，
小人之交甘若醴。

【大意】

从千里之外送来鹅毛，虽然礼物廉价可是情意深厚。君子间的交情像水一样平淡，所以能够长久；小人之间的交情像酒一样甜腻，所以容易败坏。

 **故事链接**

千里送鹅毛

唐朝贞观年间，西域回纥国是大唐的藩国。一次，回纥国为了表示对大唐的友好，便派使者缅伯高带了一批奇珍异宝去拜见唐太宗。在这批贡物中，最珍贵的要数一只罕见的珍禽——白天鹅。

缅伯高最担心的是这只白天鹅，万一有个三长两短，可怎么向国王交代呢？所以，一路上，他亲自喂水喂食，一刻也不敢怠慢。

这天，缅伯高来到沔阳河边，只见白天鹅伸长脖子，张着嘴巴，吃力地喘息着，缅伯高心中不忍，便打开笼子，把白天鹅带到水边让它喝了个痛快。谁知白天鹅喝足了水，一扇翅膀，"扑喇喇"一声飞上了天！缅伯高向前一扑，只拔下几根羽毛，却没能抓住白天鹅，眼睁睁看着它飞得无影无踪。缅伯高捧着几根雪白的鹅毛，直愣愣地发呆，脑子里来来回回地想着一个问题："怎么办？进贡吗？拿什么去见唐太宗呢？回去吗？又怎敢去见回纥国王呢！"思前想后，缅伯高决定继续东行，他拿出一块洁白的绸子，小心翼翼地把天鹅毛包好，又在绸子上题了一首诗："天鹅贡唐朝，山重路更遥。沔阳河失宝，回纥情难抛。上奉唐天子，请罪缅伯高，礼轻情意重，千里送鹅毛！"

缅伯高带着珠宝和天鹅毛，披星戴月，不辞劳苦，不久就到了长安。唐太宗接见了缅伯高，缅伯高献上天鹅毛。唐太宗看了那首诗，又听了缅伯高的诉说，非但没有怪罪他，反而觉得缅伯高忠诚老实，不辱使命，就重重地赏赐了他。

从此，"千里送鹅毛，礼轻情意重"的故事广为流传。

善有善报，恶有恶报。
不是不报，时候未报。

【大意】

干好事有好的结果，干坏事有坏的报应。不是没有报应的结果，只是还没到报应的时候罢了。

善事可作，恶事莫为。
一毫之恶，劝人莫作。
一毫之善，与人方便。

【大意】

好事可以做，恶事不能为。哪怕是很小的坏事，也奉劝大家不要去做。哪怕是很小的好事，也能给别人提供方便。

救人一命，
胜造七级浮屠。
积金千两，
不如明解经书。

【大意】

救人一条命，胜过建一座七层的佛塔。积攒黄金千两，也不如通晓儒家经典。

知己知彼，将心比心。
责人之心责己，
恕己之心恕人。

【大意】

知道自己，了解别人，设身处地为别人着想，体会别人的感受。用要求别人的态度要求自己，用宽容自己的态度宽容别人。

用心计较般般错，
退步思量事事宽。
触来莫与竞，
事过心清凉。

【大意】

如果一个人心眼太小，总是爱跟别人计较的话，那么他做事情就会常犯错误；如果能够退一步去想，做事情就会顺利得多。和别人产生矛盾的时候，不要过多地争执，等事情一过，内心自然就清净下来了。

饶人不是痴汉，
痴汉不会饶人。

【大意】

宽以待人是通晓事理的人，而不通晓事理的愚人是不会宽以待人的。

深山毕竟藏猛虎，
大海终须纳细流。
有容德乃大，
无欲心自闲。

【大意】

猛虎需要藏在深山中，大海终究还是要接纳百川。心胸宽广，才能具备很高的德行；没有贪欲，才能保持平和的心态。

是非终日有，
不听自然无。

【大意】

是是非非每天都有，不去听自然也就消失了。

再三须慎意，第一莫欺心。
宁可人负我，切莫我负人。

【大意】

做事情应该再三谨慎小心，最重要的是不要欺骗自己的良心。宁可让别人辜负自己，也别让自己辜负了别人。

许人一物，
千金不移。

【大意】

答应了给别人东西，哪怕价值千金也不要改变主意。

一言既出，
驷马难追。

【大意】

一句话说出口，四匹马拉的车子也难以追回。

宁可信其有，
不可信其无。

【大意】

对自己没有见过的事物，宁可相信它的存在，也不要断定它根本没有。

> 言忠信，
> 行笃敬。

【大意】

说话要诚实而有信用，做事要踏实而懂礼节。

> 若要人不知，
> 除非己莫为。
> 静坐常思己过，
> 闲谈莫论人非。

【大意】

要想把事情瞒住，除非自己没有做过。我们在静坐的时候，要经常反省自己的过错；和别人闲谈的时候，不要谈论他人的过失。

 故事链接

宋濂的故事

明代文学家宋濂小时候喜欢读书，但是家里很穷，也没钱买书，只好向人家借。每次借书，他都讲好期限，按时还书，从不违约，人们都乐意把书借给他。

一次，他借到一本书，越读越爱不释手，便决定把它抄下来。可是还书的期限快到了。他只好连夜抄书。时值隆冬腊月，滴水成冰。他母亲说：

"孩子，都半夜了，这么寒冷，天亮再抄吧。人家又不是等这书看。"宋濂说："不管人家等不等这书看，到期限就要还，这是个信用问题，也是尊重别人的表现。如果说话做事不讲信用，失信于人，怎么可能得到别人的尊重？"

又一次，宋濂要去远方向一位著名学者请教，并约好见面日期，谁知出发那天下起了大雪。当宋濂挑起行李准备上路时，母亲惊讶地说："这样的天气怎能出远门呀？再说，老师那里早已大雪封山了。你这一件旧棉袄，也抵御不住深山的严寒啊！"

宋濂说："娘，今不出发就会误了拜师的日子，这就失约了；失约，就是对老师不尊重啊。风雪再大，我都得上路。"

当宋濂到达老师家里时，老师感动地称赞道："年轻人，守信好学，将来必有出息！"

勤俭知足篇

> 富人思来年，穷人思眼前。
> 人无远虑，必有近忧。

【大意】

富裕的人考虑得长远，贫穷的人总是考虑眼前的事情。一个人如果不为将来打算的话，令人忧虑的事情很快就会发生。

> 从俭入奢易，
> 从奢入俭难。

【大意】

从勤俭到奢侈的改变很容易，但要从奢侈回到勤俭就很难了。

> 知止常止，
> 终身不耻。

【大意】

凡事要有所节制，适可而止，这样一辈子也不会遭到耻辱。

未晚先投宿，
鸡鸣早看天。

【大意】

一个人行路，在天黑之前就应该找到过夜的地方；早上鸡叫时，就应该提前看看天气如何。

莫道君行早，
更有早行人。

【大意】

你不要以为自己上路已经很早了，其实别人比你还早呢。

> 差之毫厘，失之千里。
>
> 三思而行，再思可矣。

【大意】

有时候即使很小的疏漏，也会导致很大的差错。在采取行动之前，应该考虑清楚。

> 一人道虚，千人传实。
>
> 耳闻是虚，眼见为实。

【大意】

一个人说的话不大可信，但如果大家都那么说，就很容易被人相信了。道听途说的东西是不可靠的，只有亲眼所见的才可信。

 **谦虚谨慎篇**

> 易涨易退山溪水，
>
> 易反易覆小人心。

【大意】

山溪里的水随着季节常涨常退，不明事理的小人反复无常、变化不定。

墙有缝，壁有耳。
好事不出门，恶事传千里。

【大意】

　　人们在屋里说话，很容易被人偷听到，就好像墙壁也长了耳朵一样。好事不容易传播，坏事却很容易广为流传。

山中有直树，
世上无直人。

【大意】

　　山中有笔直的树木，而世上却难找到绝对耿直的人。

来说是非者，
便是是非人。

【大意】

前来传播是非的人，便是挑拨是非的人。

乐不可极，乐极生哀。
物极必反，器满则倾。

【大意】

欢乐不应过度，否则就会滋生哀伤的事。事物发展到极点，就向相反的方向变化；容器满了，里面的东西就会倾洒出来。

莫信直中直，
须防仁不仁。

【大意】

不要相信表面正直的人，必须防备自称仁义的人。

受宠若惊，
闻过则喜。

【大意】

意外受到恩宠则感到不安，听别人指出自己的过错则感到高兴。

人生哲理篇

两人一般心，无钱堪买金。
一人一般心，有钱难买针。

【大意】

两个人一条心，就是没钱也能买到珍贵的东西；各人怀着不同的心思，就是有钱也买不到一根针。

人不可貌相，
海水不可斗量。

【大意】

不可以仅凭外观相貌来衡量一个人，就像海水不可能用斗来测量一样。

智者千虑，必有一失；
愚者千虑，必有一得。

【大意】

聪明的人考虑得再周全，必定有失算的时候；愚笨的人考虑得再不周全，必定有所得。

人无千日好，
花无百日红。

【大意】

人生不可能一直都顺利，花儿也不可能长久开放。

美不美，乡中水。
亲不亲，故乡人。

【大意】

故乡的风物最美好，故乡的人最亲切。

远水难救近火，
远亲不如近邻。

【大意】

用远处的水救眼前的火是很难办到的，再好的远亲也不如左邻右舍。

近水楼台先得月，
向阳花木早逢春。

【大意】

在水边的楼台上，能够最先欣赏到月色；春天到来时，向着太阳的植物最早焕发生机。

有意栽花花不发，
无心插柳柳成荫。

【大意】

有意栽种花儿，花儿却不开放；无心插些柳条，却长成一片浓荫。

第六节　笠翁对韵（节选）

　　《笠翁对韵》是明末清初的著名戏曲家李渔（号笠翁）编著的一部教人如何用韵作对的启蒙读物。全书按照上平声和下平声分为上下卷，每卷分编十五韵，从单字对到双字对、三字对、五字对、七字对、十一字对，声韵协调，朗朗上口，内容包罗万象。

一　东

天对地，雨对风。

大陆对长空。

山花对海树，赤日对苍穹。

雷隐隐，雾蒙蒙，日下对天中。

风高秋月白，雨霁晚霞红。

牛女二星河左右，参商两曜斗西东。

十月塞边，飒飒寒霜惊戍旅；

三冬江上，漫漫朔雪冷渔翁。

海树：海边的树。

苍穹：天空。

牛女句：牛，牵牛星。女，织女星。河，银河。

参（shēn）商句：参和商是二十八宿中的两宿。商即辰，也即是心宿。参宿在西方，心宿居东方，古人往往把亲友久别难逢比为参商。

戍（shù）旅：防守边疆的军队。

朔雪：北方的雪。

【大意】

天和地相对，雨和风相对。大地和天空相对。山上的花对海边的树，红红的太阳对广袤的天空。雷声忽隐忽现，雾气弥漫缭绕，落日对天的中央。在秋高气爽的季节里皎洁的月光洒向大地，大雨过后晚霞映照天空。牛郎和织女在银河两边遥遥相望，参星和商星在空中东升西落。十月的边塞，伴着冷风的冰霜落在戍边将士身上；深冬的江上，飘洒的大雪笼罩了一切。

参商永离

古书上记载：在上古时代，有一个叫高辛氏的人，他的儿子中，老大叫阏伯，还有个老四叫实沈。

在所有兄弟之中，除了阏伯之外，就属老四实沈最有才华了，所以特别不服长兄。两兄弟小的时候，只要一见面，就会因为一点小事争吵，严重时还会打架，没有片刻安宁，常常弄得父亲又为难又生气。长大以后，两兄弟相处的情况更加恶劣，偏偏两兄弟同住在一个屋檐底下，天天都得见面，一见面总是无缘无故吵起架来，最后甚至演变成动刀动枪，没有人劝得住。

高辛氏为此非常烦恼，本来他以为兄弟间应该和睦相处，没想到这对兄弟住得越近，冤仇就结得越深。看样子这两兄弟是天生相克，若不把他俩分开，早晚会发生无法弥补的憾事，毕竟手足相残是为人父母不愿意看到的。高辛氏经过一番思考，决定将兄弟两个分开。

于是高辛氏找到尧帝，尧帝下了一道诏令，把阏伯封在商地，商即如今的河南东部一带，把实沈封在大夏，大夏则在山西南部。两处地方以现代的交通情况来看，离得并不远，但在交通条件极为原始的上古，除非这两兄弟有意派兵千里迢迢互相征讨，否则是不可能再见面的。

他们死后成为参商二神，阏伯主管大火，因此大火也叫商星（即心宿），实沈主管参星（即参宿）。参和商在天空中恰好遥遥相对，一个升起，另一个就会落到地平线以下，永远不能相见。

二 冬

繁对简，叠对重。

意懒对心慵。

仙翁对释伴，道范对儒宗。

花灼灼，草茸茸，浪蝶对狂蜂。

数竿君子竹，五树大夫松。

高皇灭项凭三杰，虞帝承尧殛四凶。

内苑佳人，满地风光愁不尽；

边关过客，连天烟草憾无穷。

【注释】

慵（yōng）：困倦。

茸茸：草初生纤细柔软的样子。

君子竹：古人认为，竹劲节虚心，有君子之德。

五树句：《史记》记载，秦始皇登泰山，遇到暴风雨，躲在一棵松树下避雨，于是封此树为"五大夫"松。

高皇：汉高祖刘邦。

项：项羽。

三杰：指张良、萧何、韩信。

殛（jí）：杀死。

【大意】

繁和简相对，叠和重相对。意志消沉和心思倦怠相对。修道的仙翁对修行的和尚，道家的规范对儒家的宗师。鲜艳的花朵，柔软的嫩草，飞舞的蝴蝶对忙碌的蜜蜂。竹子被誉为有君子之德，松树被封为五大夫。刘邦战胜项羽靠的是张良、萧何、韩信，舜继承尧的帝位后惩治了四个坏人。宫廷内的佳人，面对着荣华富贵愁思无限；边境的过客，面对着满目荒凉无限哀愁。

三　江

奇对偶，只对双。

大海对长江。

金盘对玉盏，宝烛对银釭。

朱漆槛，碧纱窗，舞调对歌腔。

汉兴推马武，夏谏著龙逄。

四收列国群王伏，三筑高城众敌降。

跨凤登台，潇洒仙姬秦弄玉；

斩蛇当道，英雄天子汉刘邦。

【注释】

银釭（gāng）：银白色的灯盏、烛台。

汉兴句：马武是汉光武帝的将军，在建立东汉王朝的斗争中起过一定的作用。

夏谏句：传说关龙逄是夏桀王的大臣。他见夏桀无道，曾力谏，结果被夏桀处死。

四收句：据旧注，这句说的是北宋初大将曹彬，他曾伐灭了后蜀、南汉、南唐及北汉等五代时的地方割据政权，帮助宋太祖统一了天下。

三筑句：初唐张仁愿曾统领朔方军与突厥族的侵扰进行斗争，使突厥不敢过山牧马，三筑受降城。

跨凤二句：秦穆公女楼上吹箫，与萧史跨凤升仙而去。

斩蛇句：《史记·高祖本纪》记载，刘邦初起，酒醉夜行，先行者报告说有长蛇拦路，刘邦上前杀死长蛇，路遂通。

【大意】

奇和偶相对，只和双相对。大海和长江相对。金属的盘子对玉质的杯子，火光闪烁的蜡烛对闪闪发亮的烛台。红色的栏杆，绿色的纱窗，舞蹈的节奏对唱歌的腔调。汉朝光武中兴马武功不可没，夏朝敢于进谏的关龙逢被夏桀所杀。北宋大将曹彬曾伐灭了后蜀、南汉、南唐及北汉等五代时的地方割据政权，帮助宋太祖统一了天下；唐朝初期的张仁愿曾领军与进犯的突厥进行战斗，筑三座受降城断绝突厥南侵之路。秦穆公女楼上吹箫，与萧史跨凤升仙而去；刘邦杀死挡路的白蛇，后来建立了大汉王朝。

 **故事链接**

唐朝名将张仁愿

张仁愿，原名仁亶，今陕西渭南人，唐朝宰相、名将。

公元708年，张仁愿见到突厥后方兵力空虚，便上奏朝廷，请求乘机夺取漠南之地，并沿黄河北岸修筑三座首尾相应的受降城，以断绝突厥南侵之路。

奏书送至京城后，唐中宗召集大臣商议，开始是不同意的，顾虑到筑城之后还被突厥所得。但张仁愿执意请求，最终得到中宗同意。张仁愿又上表请求留下戍边岁满的兵士，以加快工程进度。当时有二百多咸阳籍士兵不愿筑城，集体逃走，结果被张仁愿抓回，全部斩于城下。从此，筑城军民无不尽心尽力，只用60天便将三城全部筑成。

三座受降城的筑成，在当时具有十分重要的意义。首先，受降城有效地遏制住了后突厥的南侵，并拓地300余里，结束了唐朝在与突厥数十年战争中被动挨打的局面，有极大的战略价值；其次，三城的筑成，使朝廷减兵数万，节省了大量的军费，有利于社会的稳定。

四　支

泉对石，干对枝。

吹竹对弹丝。

山亭对水榭，鹦鹉对鸪鹆。

五色笔，十香词，泼墨对传卮。

神奇韩幹画，雄浑李陵诗。

几处花街新夺锦，有人香径淡凝脂。

万里烽烟，战士边头争保塞；

一犁膏雨，农夫村外尽乘时。

【注释】

吹竹：吹奏竹管一类的乐器。

弹丝：弹奏丝弦一类的乐器。

水榭（xiè）：建筑在水上架起的高台上的房屋。

五色笔：相传南朝江淹年轻时梦见晋代学者和诗人郭璞赠给他五色笔，于是才思大进，写了许多优秀诗文。

十香词：辽萧太后所作。

传卮（zhī）：传杯饮酒。

膏雨：滋润万物的雨。

乘时：利用有利时机。

【大意】

泉和石相对，干和枝相对。吹奏和弹拉相对。山边的亭子对水面的水榭，鹦鹉对鸪鹆。江淹的妙笔文章，萧太后的有感而作，大手笔的绘画对传杯的饮酒。唐朝的韩幹善于画马，汉朝的李陵

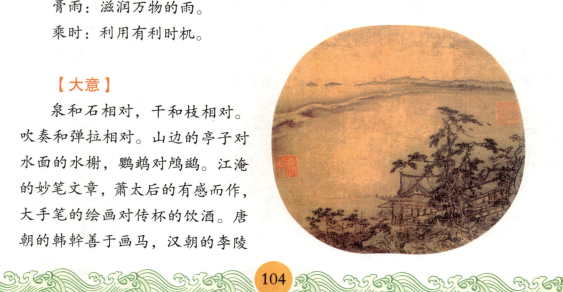

作诗雄浑。群臣争先作诗为夺武则天御赐的锦袍，众人争相谈论因为美人香气扑鼻。边塞烽烟四起，战士们在战场上争先杀敌；一场滋润万物的大雨过后，农夫们在村外抓紧时间耕种。

五 微

贤对圣，是对非。

觉奥对参微。

鱼书对雁字，草舍对柴扉。

鸡晓唱，雉朝飞，红瘦对绿肥。

举杯邀月饮，骑马踏花归。

黄盖能成赤壁捷，陈平善解白登危。

太白书堂，瀑泉垂地三千尺；

孔明祀庙，老柏参天四十围。

【注释】

觉奥、参微：弄懂深奥微小的道理。

鱼书、雁字：书信。

【大意】

贤和圣相对，是和非相对。领会和参悟相对。装在鱼腹中的信件对绑在雁腿上的消息，草盖的房子对木质的门。雄鸡早晨报晓，山鸡晨起高飞，花儿少了对枝叶繁茂。举起酒杯对着月亮独酌，骑着马踏着落花而归。黄盖用苦肉计成就火烧赤壁的大捷，陈平用美人计解了刘邦的白登之围。李白的书堂，瀑布飞流直下三千尺；诸葛亮的祠堂，古柏参天。

六　鱼

羹对饭，柳对榆。

短袖对长裾。

鸡冠对凤尾，芍药对芙蕖。

周有若，汉相如，王屋对匡庐。

月明山寺远，风细水亭虚。

壮士腰间三尺剑，男儿腹内五车书。

疏影暗香，和靖孤山梅蕊放；

轻阴清昼，渊明旧宅柳条舒。

【注释】

羹（gēng）：用肉、菜等煮成的浓汤。

裾（jū）：衣服的前后襟。

芙蕖（fú qú）：荷花的别称。

有若：孔子弟子，貌似孔子，东周春秋时人。

相如：司马相如，西汉著名辞赋家。

壮士句：史称汉高祖刘邦手提三尺剑起兵，因而后人常把三尺剑作为有志男儿的象征。

【大意】

羹和饭相对，柳和榆相对。短袖和长襟相对。雄鸡的头对凤的尾，芍药对荷花。貌似孔子的弟子有若对汉朝辞赋家司马相如，王屋山对庐山。

明月穿云照向大地，遥远的山寺若隐若现；清风徐来水波荡漾，映在水中的亭台倒影显得模糊不清。作为男儿就要有志向，作为男儿就要博学。稀疏的树影淡淡的香气，林逋隐居在西湖孤山以植梅养鹤为乐；微阴清凉的白天，陶渊明老屋前的柳条舒展飘荡。

七　虞

君对父，魏对吴。

北岳对西湖。

菜蔬对茶荈，苣藤对菖蒲。

梅花数，竹叶符，廷议对山呼。

两都班固赋，八阵孔明图。

田庆紫荆堂下茂，王裒青柏墓前枯。

出塞中郎，羝有乳时归汉室；

质秦太子，马生角日返燕都。

【注释】

茶荈（chuǎn）：茶叶。

菖蒲：植物名。

廷议：古时在朝廷之上、皇帝面前论辩国事。

【大意】

君和父相对，魏和吴相对，北岳和西湖相对。蔬菜对茶叶，胡麻对菖蒲。梅花易数，竹叶桃符，廷臣会议对万岁高呼。班固作《两都赋》，诸葛亮作《八阵图》。田庆兄弟分家紫荆枯萎，后来合家紫荆又茂盛起来；王裒在父亲坟前痛哭，松柏突然枯死。苏武出使匈奴，直到公羊产奶才能回来；太子丹被扣秦国，等到乌鸦白头、马生犄角才能回归燕国。

苏武牧羊

公元前100年，匈奴政权新单于即位，汉朝皇帝为了表示友好，派遣苏武率领一百多人，带了许多财物出使。不料，苏武被扣留下来，并被要求背叛汉朝，臣服单于。

最初，单于派人向苏武游说，许以丰厚的俸禄和高官，苏武严词拒绝了。匈奴见劝说没有用，就决定用酷刑。当时正值严冬，天空飘着鹅毛大雪。单于命人把苏武关入一个露天的大地窖，不提供食品和水，希望这样可以改变苏武的信念。时间一天天过去，苏武在地窖里受尽了折磨。渴了，他就吃一把雪；饿了，就嚼身上穿的羊皮袄。过了好几天，单于见濒临死亡的苏武仍然没有屈服的表示，只好把苏武放出来了。

单于知道无论软的还是硬的，劝说苏武投降都没有希望，越发敬重苏武的气节，一方面不忍心杀他，另一方面又不想放了他，于是决定把苏武流放到西伯利亚的贝加尔湖一带，让他去牧羊。临行前，单于说："既然你不投降，那我就让你去放羊，什么时候公羊生了羊羔产了奶，我就让你回到中原去。"

苏武被流放到了人迹罕至的贝加尔湖边，在这里唯一与苏武做伴的就是那根代表汉朝的使节棒和一小群羊。这样日复一日，年复一年，使节棒上面的装饰都掉光了，苏武的头发和胡须也都变白了。

十九年后，匈奴与汉朝再次和好，皇帝立即派使臣把苏武接回来。苏武在汉朝京城受到热烈欢迎，从政府官员到平民百姓，都向这位富有民族气节的英雄表达敬意。

八 齐

鸣对吠，泛对栖。

燕语对莺啼。

珊瑚对玛瑙，琥珀对玻璃。

绛县老，伯州犁，测蠡对燃犀。

榆槐堪作荫，桃李自成蹊。

投巫救女西门豹，赁浣逢妻百里奚。

阙里门墙，陋巷规模原不陋；

隋堤基址，迷楼踪迹亦全迷。

【注释】

绛（jiàng）县老：即绛县老人，传说活到四百多岁。

蠡（lí）：贝壳做的瓢。

燃犀：迷信认为燃烧犀角可以照妖。

桃李句："桃李不言，下自成蹊"，比喻一个人如果有高德美才，不用自我声张，自然得到人们的敬爱。

【大意】

鸡鸣和犬吠相对，漂浮和栖息相对。燕语和莺啼相对。珊瑚对玛瑙，琥珀对玻璃。绛县的老人活到四百多岁，伯州犁很年轻就死了，自不量力对洞察奸邪。高大的槐树可以让人乘凉，有美德的人自然会受到敬爱。

西门豹将巫婆投江救了女孩，百里奚发达后遇到妻子。孔子的弟子颜回虽然穷但是上进好学，隋炀帝建的楼阁虽风光无限但是容易让人迷路。

九　佳

冠对履，袜对鞋。

海角对天涯。

鸡人对虎旅，六市对三街。

陈俎豆，戏堆埋，皎皎对皑皑。

贤相聚东阁，良朋集小斋。

梦里山川书越绝，枕边风月记齐谐。

三径萧疏，彭泽高风怡五柳；

六朝华贵，琅琊佳气种三槐。

【注释】

海角、天涯：形容遥远偏僻的地方。

鸡人：相传西周宫廷内有鸡人之官，主报时。

虎旅：英勇的军队。

俎（zǔ）豆：古时祭神或饮食用的器皿。

三径句：陶渊明曾为彭泽令，三径种菊，门前有五柳，号五柳先生。彭泽高风即指陶渊明的高尚风度。

【大意】

冠和履相对，袜和鞋相对。海角和天涯相对。准确报时的人对英勇的军队，六个闹市对三条大街。练习礼仪，模仿大人埋坟，明亮对洁白。汉朝宰相公孙宏开阁招揽有才之人，好朋友都聚集到一起。梦里常会有《越绝书》，枕边常会放《齐谐记》。陶渊明为彭泽令时，三径种菊，门前五柳，具有高尚风度；王佑住在琅琊时，院中种三棵槐树，后世世为公卿。

故事链接

陶渊明弃官

陶渊明，一名陶潜，今江西九江人。他的曾祖父就是东晋著名的大将军陶侃，但到了他的少年时代，陶家已经败落，生活贫困。尽管如此，陶渊明从小还是受到了很好的家庭教育，博览群书，养成了寡言少语、厌恶虚荣、不贪富贵的高洁性格。

二十九岁时，陶渊明谋得江州祭酒一职，却因忍受不了官场的繁文缛节，早早辞了职。在家闲居了五六年后，三十五岁时，到了荆州，当一名小吏，不到一年工夫，又因母亲去世辞职归家，一住又是五六年。

陶渊明终究是名将的后代，官场里知道他的人很多。公元 405 年，当他四十一岁时，又被推荐到彭泽（今江西九江东北）当了县令。

好不容易在彭泽当了几十天县令，一天衙役来报：过几天郡里派的督邮要到彭泽来视察。那个督邮陶渊明认识，是个专门依仗权势、阿谀逢迎，却又无知无识的花花公子。陶渊明想到自己将要整冠束带、强作笑脸去迎候这种小人，实在忍受不了。他的倔脾气又发作了："我怎么能为了这五斗米官俸，去向那种卑鄙小人折腰呢？"

于是，陶渊明离开衙门，板着脸回到了家，冲着夫人说："收拾行装，回乡！"

十 灰

忠对信，博对赅。

忖度对疑猜。

香消对烛暗，鹊喜对蛩哀。

金花报，玉镜台，倒斝对衔杯。

岩巅横老树，石磴覆苍苔。

雪满山中高士卧，月明林下美人来。

绿柳沿堤，皆因苏子来时种；

碧桃满观，尽是刘郎去后栽。

【注释】

赅（gāi）：全面，完备。

忖度（cǔn duó）：推测，估量。

蛩（qióng）：蟋蟀。

金花报：唐进士登科有金花贴。后考试得中，通报其家，叫作金花报喜。

玉镜台：温峤娶其姑之女，以玉镜台为聘礼。

斝（jiǎ）：古盛酒器皿。

绿柳二句：苏轼守杭州，令人沿西湖堤种柳树，人称苏公堤（即苏堤）。

【大意】

忠和信相对，博和赅相对。忖度和猜疑相对。花儿凋谢对烛光消失，喜鹊鸣叫对蟋蟀低唱。进士登科金花报喜，温峤娶女玉镜为聘礼，手端酒器倒酒对口衔酒杯。岩石的最高处横卧着老树，石阶的表层覆盖着薄薄的青苔。高人在冰雪覆盖的山中隐居，赵师雄在梅花树下梦到与美人交谈。苏轼在杭州任太守时，命人在西湖堤岸上种植柳树；刘禹锡离开玄都观后，有人在那里种满了桃花。

一　先

寒对暑，日对年。

蹴鞠对秋千。

丹山对碧水，淡雨对覃烟。

歌宛转，貌婵娟，雪鼓对云笺。

荒芦栖南雁，疏柳噪秋蝉。

洗耳尚逢高士笑，折腰肯受小儿怜。

郭泰泛舟，折角半垂梅子雨；

山涛骑马，接䍦倒着杏花天。

【注释】

蹴鞠（cù jū）：我国古代的一种足球运动。

婵娟（chán juān）：在此形容女子容貌好。

云笺：云片状的纸。

高士：隐居的高人。

【大意】

寒和暑相对，日和年相对。踢球和荡秋千相对。红色的山对绿色的水，淅淅沥沥的小雨对袅袅升起的炊烟。歌声婉转，容貌俊秀，雪鼓对云笺。荒芜的芦苇中栖息着南飞的大雁，稀疏的柳条上落着鸣叫的秋蝉。怕做官去河边洗耳的许由被隐居的高人嘲笑，陶渊明不肯为了做县令的五斗薪俸就低声下气去向别人献殷勤。郭泰泛舟，遇到大雨将头巾折角避雨；山涛骑马，常常醉后倒戴头巾而归。

二 萧

琴对管，斧对瓢。

水怪对花妖。

秋声对春色，白缣对红绡。

臣五代，事三朝，斗柄对弓腰。

醉客歌金缕，佳人品玉箫。

风定落花闲不扫，霜余残叶湿难烧。

千载兴周，尚父一竿投渭水；

百年霸越，钱王万弩射江潮。

【注释】

缣（jiān）：这里指细绢。

绡（xiāo）：这里指绸子。

臣五代：指五代时官僚冯道，他曾历事后唐、后晋、后辽、后汉、后周，对丧君亡国毫不介意，并自号"长乐老"。旧时代拿他做没气节的典型。

事三朝：沈约事南朝宋、齐、梁三朝。

斗柄：北斗七星中排成柄状的三星。

弓腰：舞女反身将腰弯如弓形，叫作弓腰。

金缕：词牌《贺新郎》的别名。

百年二句：传说五代时钱镠（liú）为吴越王，做御潮铁柱于江中，未成而潮水大至。吴越王命以万弩射之，潮水乃退。筑土一升者，赏钱一升，名之曰钱塘。

【大意】

琴和管相对，斧和瓢相对。水中的怪物和花中的妖怪相对。秋天里的声音对春天里的色彩，白色的细绢对红色的绸子。没有气节的冯道曾历经后唐、后晋、后辽、后汉、后周五个朝代，沈约也曾历事南朝宋、齐、梁三朝，北斗七星的勺柄三星对舞女反身如弓的弯腰。喝醉酒的人唱着《贺新郎》词，有才的女子倾听着玉箫音律。风定落花闲不扫，霜余残叶湿难烧。周朝兴盛了千年，都靠姜子牙当初渭水垂钓得到文王重用；吴越称霸百年，离不开钱镠命万余弓弩手射退江潮。

 故事链接

钱王射潮

唐朝末年，有个吴越王叫钱镠，勇猛无比，当时一般人都称他为"钱王"。

钱王治理杭州时，各种事情都感到容易办，就是这道钱塘江的海堤修不好。因为潮水一天一夜要来两次，简直叫人没有法子能把海堤修筑起来。因此，钱王手下的人很着急，都怕钱王发脾气，只好报告钱王说："大王，

这海堤还是不修了吧，总不会修好的。因为钱塘江里面有个潮神在跟我们作对，只等到我们把海堤修得差不多的时候，他就兴风作浪，鼓起潮头，把我们的海堤给冲坍了。"

钱王听了，两眼火星直冒，大吼道："呸！难道就让这个小小的潮神来胡作非为吗？不行！"想了一想，说："好，让我自己去降伏他。到八月十八这一天，给我聚集一万名弓箭手到江边，我倒要去见见这个潮神！"

八月十八日到了，钱塘江边搭起了一座大王台，钱王一早就到台上观看动静，等待潮神到来。潮头涌来，钱王一声令下，万箭齐发，直射潮头。百姓们都跺脚拍掌，大声呐喊助威。一万支箭射了，又是一万支箭……霎时就射出了四万支箭，竟逼得那潮头不敢向岸边冲击过来。钱王又下令："追射！"那潮头只好弯弯曲曲地向西南逸去，最后消失得无影无踪了。

从这个时候起，海堤才得以造成。百姓们为了纪念钱王这次射潮的功绩，就把江边的海堤叫"钱塘"。

三 肴

歌对舞，笑对嘲。

耳语对神交。

焉乌对亥豕，獭髓对鸾胶。

宜久敬，莫轻抛，一气对同胞。

祭遵甘布被，张禄念绨袍。

花径风来逢客访，柴扉月到有僧敲。

夜雨园中，一颗不雕王子柰；

秋风江上，三重曾卷杜公茅。

【注释】

焉乌句：古文之讹。焉和乌，亥和豕，字形相近，往往造成误解。

獭（tǎ）髓句：獭，水獭，旧传水獭的髓是很好的滋补品，服食能益神智。

张禄句：战国时，范雎和须贾同事魏王，须贾出于嫉妒，唆使魏相治范雎几至于死。后范雎逃到秦国，易姓名张禄，为秦相。后须贾使秦，范雎故意穿了一身破衣服去见须贾。贾不知其为秦相也，曰："范叔何一寒至此"，以己绨袍赠之。不久，须贾终于知道范雎原来就是秦相张禄，吓得赶忙登门请罪。范雎说："根据你旧日对我的态度，本当把你处死，但你送我一件袍子，看来还有点情谊，可以饶你一命。"

夜雨二句：《二十四孝》载：晋人王祥至孝，后母不慈，命其看护后园柰树，柰落则鞭之。祥抱树大哭，感动上天，柰一颗不落。

秋风二句：杜公指杜甫。杜甫居成都时，一次大风吹坏了草堂，他曾为此写作了《茅屋为秋风所破歌》，中有"八月秋高风怒号，卷我屋上三重茅"之句。

【大意】

歌和舞相对，笑和嘲相对。趴在耳边小声说话和心领神会相对。古字焉和乌容易混淆对古字亥和豕容易混淆，水獭的骨髓对凤凰嘴制成的胶。适合长久地敬仰，不要轻易地抛弃，志同道合对兄弟。东汉将军祭遵生活俭朴到甘愿盖一床普通的被子，魏国范雎出逃后被赠予绨袍。风吹落花瓣的时候有客来访，月亮升起时有僧人来敲门。园中夜里下雨，一颗果子落下继母就要鞭打王祥；江上刮起大风，曾经吹走杜甫草堂上面盖的茅草。

四 豪

台对省，署对曹。

分袂对同袍。

鸣琴对击剑，返辙对回艚。

良借箸，操提刀，香茗对醇醪。

滴泉归海大，篑土积山高。

石室客来煎雀舌，画堂宾至饮羊羔。

被谪贾生，湘水凄凉吟《鹏鸟》；

遭谗屈子，江潭憔悴著《离骚》。

【注释】

台对省二句：台、省、署、曹都是古时官府的名称。

分袂（mèi）：古时把离别称作分袂。

返辙：等于说回车。

艚（cáo）：就是船。

箸：筷子。

操提刀：传说匈奴使者要拜谒曹操，曹操自以为相貌不扬，恐为耻笑，于是让崔琰装扮成魏王，自己装扮成记录的官员。朝见后，让人问使者对魏王的印象。使者说，魏王相貌亦复平常，但旁边记录的那个人我看是真英雄。

醇醪（chún láo）：指好酒。

雀舌：一种名茶。

羊羔：美酒名。

鹏（fú）：一种猫头鹰类的鸟。

【大意】

台和省相对，署和曹相对。离别和兄弟姐妹相对。弹琴对舞剑，回车对回船。张良借筷子以说明道理，曹操扮成记录的官员，香茶对美酒。

汇集每一滴泉水最后成为大海，堆积每一筐土最后成为高山。石室宾客到来泡上好茶，画堂宾客到来喝上美酒。被降职的贾谊，在湘水旁凄凉地吟诵《鹏鸟赋》；被坏话陷害的屈原，在江边憔悴地作《离骚》。

五　歌

慈对善，虐对苛。
缥缈对婆娑。
长杨对细柳，嫩蕊对寒莎。
追风马，挽日戈，玉液对金波。
紫诏衔丹凤，黄庭换白鹅。
画阁江城梅作调，兰舟野渡竹为歌。
门外雪飞，错认空中飘柳絮；
岩边瀑响，误疑天半落银河。

【注释】

婆娑（pó suō）：树木或人的身躯摇曳多姿的样子。

寒莎（suō）：秋天的莎草。

挽日戈：古代神话传说，楚国的鲁阳公与韩国人作战，战到天晚未分胜负，他举起戈来向太阳下令，太阳又从西方退了回来，他又继续战斗。

黄庭句：晋书法家王羲之喜欢山阴道士养的鹅，于是为道士写了一卷《黄庭经》作为交换条件。

【大意】

慈和善相对，虐和苛相对。隐隐约约和摇曳多姿相对。长杨宫对细柳营，含苞待放的花对秋天的莎草。追风马，挽日戈，用美玉制成的琼浆对美酒。皇帝的诏书盖着印章衔在木凤口中，王羲之为山阴道士写《黄庭经》得到回赠白鹅。在雕梁画栋的楼阁里咏唱《梅花落》，乘着小舟渡河咏唱《竹枝词》。门外飞雪，还以为是柳絮飘飘；岩石边瀑布飞响，还以为是银河从九天泻落。

六　麻

雷对电，雾对霞。

蚁阵对蜂衙。

寄梅对怀橘，酿酒对烹茶。

宜男草，益母花，杨柳对蒹葭。

班姬辞帝辇，蔡琰泣胡笳。

舞榭歌楼千万尺，竹篱茅舍两三家。

珊枕半床，月明时梦飞塞外；

银筝一奏，花落处人在天涯。

蜂衙：蜂房。

寄梅：南朝陆凯同范晔是好友，当时范晔在长安，陆凯自江南寄一枝梅花，并赠诗云："折花逢驿使，寄与陇头人。江南无所有，聊赠一枝春。"

怀橘：三国时陆绩事母至孝，七岁曾于袁术处做客，袁术拿橘子给他吃，遂怀之，打算回去送给母亲。袁术问明原因，十分赞赏。

蔡琰句：蔡琰，即蔡文姬，蔡邕女，汉末著名才女，早寡，汉末被掳入胡，在南匈奴生活了十二年，后被曹操赎回。传说她曾写了《胡笳十八拍》，历述她的不幸遭遇。

【大意】

雷和电相对，雾和霞相对。蚂蚁战斗时的阵势对蜜蜂的蜂房。陆凯寄梅花给好友范晔对陆绩怀中藏橘想送给母亲，酿造美酒对冲泡香茶。用来佩戴的萱草，可以治病的益母草，杨柳对芦苇。班婕妤拒绝与皇帝一同乘坐辇车，蔡琰归汉后留下了动人的《胡笳十八拍》。歌舞的楼台有千万尺之高，竹子的篱舍有两三家。枕着珊瑚做的枕头，月明的夜晚做梦飞到天外；弹奏装着银饰的古筝，晚春之时在天涯漂泊。

 故事链接

陆绩怀橘

陆绩是三国时期的吴国学者，曾经担任过太守，对天文和历法精通。

陆绩七岁时，到九江去拜见袁术（当时的大豪强）。袁术命令下人拿出橘子来给陆绩吃。陆绩把三个橘子藏在怀中，等到告别的时候跪着向袁术拜谢，不料这三个橘子落到地上。

袁术笑着说："陆绩，你来别人家做客，为什么怀里藏了主人的橘子？"陆绩跪在地上，回答道："这橘子很甜，我想藏在怀里留给母亲吃。"

袁术十分赞赏，说："陆绩，你这么小就知道要孝敬父母，长大后必定是人才！"

七 阳

衰对壮，弱对强。

艳饰对新妆。

御龙对司马，破竹对穿杨。

读班马，识求羊，水色对山光。

仙棋藏绿橘，客枕梦黄粱。

池草入诗因有梦，海棠带恨为无香。

风起画堂，帘箔影翻青荇沼；

月斜金井，辘轳声度碧梧墙。

【注释】

御龙、司马：官名，也是姓。

破竹：比喻做事顺利。

穿杨：传说楚将养由基善射，百步之内，可穿杨叶。

班马：班固作《汉书》，司马迁作《史记》。

仙棋句：神话故事，巴邛人家有橘树，一年忽长三枚，果实大如斗，剖之有二叟对弈。

【大意】

衰和壮相对，弱和强相对。浓妆打扮和刚打扮好相对。御龙氏对司马氏，做事顺利对技艺精湛。读班固和司马迁的史书，与求仲和羊仲交往，水波泛出的秀色对山上明净的景色。巴蜀人家的橘子剖开后有两个仙翁在下棋，客官头枕入梦后梦到自己一身繁华。池草被写入诗中，是因为被诗人梦见；海棠没有被人理睬，是因为它缺少芳香。风吹画堂，门帘的影子映入青草池塘之中；月照金井，辘轳声传到梧桐树边的墙外。

八 庚

形对貌，色对声。

夏邑对周京。

江云对涧树，玉磬对银筝。

人老老，我卿卿，晓燕对春莺。

玄霜春玉杵，白露贮金茎。

贾客君山秋弄笛，仙人缑岭夜吹笙。

帝业独兴，尽道汉高能用将；

父书空读，谁言赵括善知兵。

【注释】

人老老：即尊敬别人的老人。

卿卿：对人的尊称，也是对妻子的昵称。

玄霜：传说中的仙药。

缑（gōu）岭：山名，在河南。

帝业二句：史载汉高帝刘邦善于用人，因而取得天下。

父书二句：赵奢是战国时赵之名将。奢死，赵王令其子赵括代廉颇为将。其母说，赵括只能读其父的兵书，没有实际经验。赵王不听，使其率兵与秦交战。结果赵括中箭而死，几十万军队被秦人活埋了。

【大意】

形和貌相对，色和声相对。夏的都城和周的都城相对。江边的云对山涧边的树，玉做的磬对银做的筝。尊敬老人，亲切地称呼朋友，早晨的燕子对春天的黄莺。书生裴航以玉杵捣药娶仙女云英为妻，汉武帝和魏明帝在宫中建造铜柱，上有承露盘收集仙露，用来饮药以求长生。一位商人遇到仙人吹笛能使风浪和月色随笛声高低而发生起落和明暗的变化；周灵王太子晋喜欢吹笙，被仙人召去，驾鹤过缑山时向乡人辞谢。汉王朝的建立，大家都说是刘邦能用将的结果；父亲留下的兵书白读，没有人说赵括善于用兵。

九 青

危对乱，泰对宁。

纳陛对趋庭。

金盘对玉箸，泛梗对浮萍。

群玉圃，众芳亭，旧典对新型。

骑牛闲读史，牧豕自横经。

秋首田中禾颖重，春余园内菜花馨。

旅次凄凉，塞月江风皆惨淡；

筵前欢笑，燕歌赵舞独娉婷。

【注释】

群玉圃（pǔ）：传说仙人西王母居住在群玉山的瑶圃。

骑牛句：隋末李密好学，常将《汉书》一帙挂于牛角之上，骑牛读书。

牧豕句：汉代公孙弘少时家贫，为人放猪，常带经卷而读。

【大意】

危和乱相对，泰和宁相对。漫步登上台阶和快步走过庭院相对。金子做的盘子对玉做的筷子，漂浮的草木梗对水面的浮萍。群玉山的瑶圃，充满草木香气的亭子，旧的制度对新的法式。隋朝李密将《汉书》挂在牛角上阅读，汉公孙弘放猪时拿着经书阅读。初秋时田中的谷穗沉重，春末园内的菜花飘香。旅途寂寞，塞外的月下、江边的寒风让人愁眉不展；宴会欢笑，燕国的歌、赵国的舞都有自己的独特之处。

十 蒸

谈对吐，谓对称。

冉闵对颜曾。

侯嬴对伯嚭，祖逖对孙登。

抛白纻，宴红绫，胜友对良朋。

争名如逐鹿，谋利似趋蝇。

仁杰姨惭周不仕，王陵母识汉方兴。

句写穷愁，浣花寄迹传工部；

诗吟变乱，凝碧伤心叹右丞。

【注释】

冉闵句：冉有、闵子骞、颜渊、曾参都是孔子的弟子。

侯嬴（yíng）：战国时魏人，帮助信陵君窃符救赵，最后以身殉之。

伯嚭（pǐ）：吴国奸臣。

祖逖（tì）：东晋时爱国将领。

孙登：晋初隐士。

逐鹿：指在战场上争夺政权。

趋蝇：追赶苍蝇。古有"蝇头微利"的说法，"趋蝇"是说十分不值得。

周：武则天的国号。

【大意】

谈和吐相对，谓和称相对。冉有、闵子骞和颜渊、曾参相对。忠臣侯赢对奸臣伯嚭，将领祖逖对隐士孙登。抛白纻，宴红绫，益友对好友。争名仿佛逐鹿，谋利好似趋蝇。狄仁杰想让姨妈的儿子做官被拒绝，王陵的母亲为了让他专心辅佐刘邦而自刎。杜甫晚年住在浣花溪畔，诗句多描写穷愁忧国之情；安史之乱，王维写诗表达忧国伤怀之情。

故事链接

闻鸡起舞

　　晋代的祖逖是个胸怀坦荡、具有远大抱负的人。可他小时候却是个不爱读书的淘气孩子。进入青年时代，他意识到自己知识的贫乏，深感不读书无以报效国家，于是就发奋读起书来。他广泛阅读书籍，认真学习历史，从中汲取了丰富的知识，学问大有长进。他曾几次进出京都洛阳，接触过他的人都说，祖逖是个能辅佐帝王治理国家的人才。祖逖24岁的时候，曾有人推荐他去做官，他没有答应，仍然不懈地努力读书。

后来，祖逖和幼时的好友刘琨一起担任司州主簿。他与刘琨感情深厚，不仅常常同床而卧，而且还有着共同的远大理想：建功立业，复兴晋国，成为国家的栋梁之材。

一次，半夜里祖逖在睡梦中听到公鸡的鸣叫声，他一脚把刘琨踢醒，对他说："别人都认为半夜听见鸡叫不吉利，我偏不这样想，咱们干脆以后听见鸡叫就起床练剑如何？"刘琨欣然同意。于是他们每天鸡叫后就起床练剑，剑光飞舞，剑声铿锵。春去冬来，寒来暑往，从不间断。功夫不负有心人，经过长期的刻苦学习和训练，他们终于成为能文能武的全才，既能写得一手好文章，又能带兵打胜仗。祖逖被封为镇西将军，实现了他报效国家的愿望；刘琨做了都督，兼管并、冀、幽三州的军事，也充分发挥了他的文才武略。

第三章

中华民族优秀文化传承·楹联

第一节 什么是楹联

一、楹联的起源

楹(yíng)联是一种特殊的文学样式,也是我国古老而独特的传统文化。古往今来,它一直深深地影响着我们华夏民族。春联,作为楹联中的一种重要类型,更是因为中国人最重要的传统节日——春节,而备受人们的喜爱。

楹联,俗称对联、对子、联语等,是由两串等长、意思完整和互相对仗的汉字序列组成的独立文体。之所以叫楹联,因为"楹"是古代厅堂中的柱子,叫楹柱。上下联就贴在或者镌(juān)刻在楹柱上,所以叫楹联。

楹联这种独特的文学形式,讲究对称平衡、音韵和谐,充分展示了汉语的对称美和韵律美。楹联有着悠久的历史、鲜明的特色、广泛的群众基础和经久不衰的生命力。楹联在其长期发展的过程中,逐步形成了自己独特的艺术规律，受到人民群众的喜爱，成为中华民族的艺术瑰宝。

　　楹联的起源，最早可追溯（sù）到避邪的桃符。远在周秦时代，民间就有了在门前挂桃符的习俗，用于驱鬼除邪。《后汉书·礼仪志》中记载："以桃印，长六寸，方三寸，五色书文如法，以施门户，止恶气。"

　　据传，古代东海度朔（shuò）山有一棵大桃树，树下有神荼、郁垒二神，主管万鬼，如遇见鬼怪，就把它捆在桃树上，喂老虎。后来，民间便在春节时用桃木板画上二神像，来驱除鬼怪，这一风俗被人们继承下来。到了宋代，人们用红纸代替桃木板，将乞求吉祥或驱鬼避邪的联句写在纸上，贴在门上，这就是延续了几千年的门贴。宋代以后，民间新年悬挂春联已经相当普遍，王安石诗中"千门万户曈曈日，总把新桃换旧符"之句，就是当时盛况的真实写照。由于春联的出现和桃符有密切的关系，所以古人又称春联为"桃符"。

二、楹联的基本构成

楹联的构成一般包括上联和下联，有时还要加上横批。

1. 上联：指楹联的前半部分。一副楹联由两个字数相等的部分组成，古人称先为上，故先书的部分为上联。上联一般以仄声字结尾（也有极少用平声字者）。其张贴、悬挂、镌刻的位置，应在读者面对方向的右侧。上联又称出句、上支、上比、对公、对头、上句等。

2. 下联：指楹联的后半部分。一副楹联由两个字数相等的部分组成，古人称后为下，故后书的部分为下联。下联一般以平声字结尾（也有极少用仄声字者）。其张贴、悬挂、镌刻的位置，应在读者面对方向的左侧。下联又称对句、下支、下比、对母、对尾、下句等。

3. 横批：指长条形的横幅书画，其轴在左右两端，相当于横额，常与春联配合使用，多为纸制，亦称横幅、横头。

三、楹联的分类

　　楹联有许多规则，对楹联的分类，也有不同的角度，如按对仗分、按内容分、按修辞分、按使用场合分、按趣味分等。

　　（一）按楹联的内容和使用的场合，可分为春联、喜联、寿联、挽联、装饰联、行业联、交际联、宅第联、名胜古迹联、山水园林联等。

　　（二）从趣味角度，楹联可分为谐趣讽刺联、玻璃联、回文联、谜语联、集句联等。

　　下面试举几种颇具趣味的楹联：

　　1. 谐音联。利用同音词成联，造成特殊的情趣，也叫谐音对。明解（xiè）缙（jìn）所作一副名联就是谐音联：

梅花桂花玫瑰花　春香秋香

蒲叶桃叶葡萄叶　草本木本

2.拆字联。利用汉字的表意特性，把汉字的字义巧妙地拆分组成的楹联叫拆字联，也叫拆字对。例如：

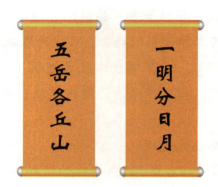

"明"字是左右结构，左边是"日"，右边是"月"。上联意思是说，天明时分，日月在此分界。下联的"五岳"指的是五座名山，又巧妙地把"岳"字分成上下结构的"丘""山"。

3.隐字联。对子中隐去本来应该有联系的字，也叫隐字对。相传宋朝有名的清贫学子吕蒙正，在一年春节之际，家家欢喜过年，户户张贴春联，他也在自己的破屋门上，贴上了一副春联：

还在门楣上大书横批"南北"。字写得龙飞凤舞，不少好奇者前来观看，但都不知道是什么意思。只有一位老者看后，竖起大拇指，连声说："好对！好对！此人日后必成大器。"上联只写"二三四五"，单缺"一"；

下联"六七八九"，偏少"十"。"一"谐音为"衣"，"十"谐音为"食"，上下联的意思是"缺衣少食"，横批只有"南北"没有"东西"，连起来就是：缺衣少食，没有东西。短短一副十个字的对联，把自己的贫苦处境写得惟妙惟肖，显示了吕蒙正的聪明才智。

4. 叠字联。顾名思义，一副楹联中全部是由叠字构成。在对联创作中，叠字法的运用是非常广泛的，几乎随处可见。叠字，又名"重言"，系指由两个相同的字组成的词语。人们在创作楹联时，常常将叠字运用于联语创作的方法，就是叠字法。"看松读画轩"的一副叠字对联：

全联把天气和季节的变化以及鸟语花香融为一体，语句含义丰富深长。该联读来声韵铿锵（kēng qiāng），读后频增游兴，使人犹如陶醉于四季

冷暖交替变幻和莺歌燕舞百花吐艳的美景之中，别具诗情画意。

5. 变读对。多音字对联，根据意思读多音字不同的读音。孟姜庙有副名联，相传为南宋状元王十朋撰写：

浮云长长长长长长长消

海水朝朝朝朝朝朝朝落

此联变读方可读通：

海水潮　朝（zhāo）朝（zhāo）潮　朝（zhāo）潮朝（zhāo）落

浮云涨（zhǎng）　常常涨（zhǎng）　常涨（zhǎng）常消

四、楹联的应用

　　楹联是一门雅俗共赏的艺术品类，古往今来，人们从未间断过对楹联的艺术探求。从开始只限于春联的尝试，到后来的各种行业联、文苑联等的创新，充分说明楹联有着极其强大的生命力和独特的实用性。

1. 教育启蒙作用

楹联的对句起到教育启蒙的作用，封建时代的启蒙教育非常注重对仗和对句的锻炼，例如启蒙通用教材《训蒙骈句》《笠翁对韵》等都是以对仗句式编写的，私塾教育中对课更是当时的基础必修课，以此来锻炼思维、增加知识等。

2. 装饰环境

楹联本身包藏着一种对称之美，无论是过去的桃符，还是现在的纸联，虽内容不同，但都给人以美的形象，起到了装饰的作用。曹雪芹在《红楼梦》第十七回中曾借贾政之口说道："若大景致，若干亭榭，无字标题，任是花树山水，也断不能生色。"楹联可以只用寥（liáo）寥数语，就概括了有关历史、人物、景致、典故、传说等，与风景、古迹交相辉映，达到珠联璧合的效果。如江苏镇江甘露寺联：

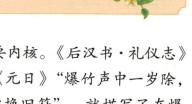

3. 祈祝吉祥

祈祝吉祥，是楹联以及桃符这一文体的重要内核。《后汉书·礼仪志》就有过古人以桃符驱逐鬼邪的记载。王安石的《元日》"爆竹声中一岁除，春风送暖入屠苏。千门万户瞳瞳日，总把新桃换旧符"，就描写了在爆竹声声的喜庆中，千家万户把旧符换成新桃，祈兆幸福、扫除晦气的景象。所以，春联、节日联、寿联、喜联等都带有人们对美好生活的期待，充满了喜悦、吉祥的效果。

4. 陶冶情操

陶冶情操，修身养性，乃古今文人修身之法门。历代文人，多借用诗歌散文等，或直抒胸襟，或隐寓文心，或借古喻今，或托物抒怀，以发天地人之感慨，真善美之心声。从楹联问世后，中国的文人们又找到了一种简捷精练的文学形式，写出了大量修身、养性、咏物、言志、治学的佳作诗对。这方面的楹联内容较广，综观楹联古籍，以联抒怀者不胜枚举。如海派书画大师程十发曾撰一联：

作者以物咏怀，联句分明在写春，作者饱蘸（zhàn）对春的浓郁之情，突发奇想，将春的颜色作为酿酒之曲，将春雪之图一片片剪开，组成诗

词，一"揉"一"剪"，用字奇险而又清雅，意境幽远，可谓诗中有画，画中有诗。

5. 启迪世人

一副好的楹联往往使人茅塞（sè）顿开，令人从中领略人生的哲理和真谛。许多名人志士都以联警世，教诲和鞭策同仁、同辈和亲朋好友。如：

革命尚未成功

同志仍须努力

这副妇孺皆知的名联，是孙中山先生留下的遗言。孙中山逝世后，这句话被后人以楹联的形式在重要场合广泛张贴、宣传，旨在号召人们继承孙中山的遗志，完成其未竟事业，起到了教育鼓舞人的作用。

6. 社会交际

对句经常作为旧时文人社交聚会的娱乐手段，既起了一定的交际作用，又能锻炼才智，提高修养。在这方面出现了很多广为传诵的名联，例如北宋杨大年与寇准的对句：

水底月为天上月

眼中人是面前人

楹联还是人们传递感情、增进友谊的媒介。许多名人留下的题赠佳品，或互相勉励，或寄托情思，或抒发心志，或言明事理，或表示对对方的景仰、思慕之情。如鲁迅赠瞿（qú）秋白的一副联：

人生得一知己足矣

斯世当以同怀视之

7. 鞭挞邪恶

以楹联鞭挞邪恶，痛击时弊（bì），古今皆有之。此类楹联多采用诙谐、嘲讽、戏谑（xuè）的手法，或直来直去，或以物喻人，或以典喻今，或一语双关，或嵌字拆字，或谐音隐语，或嘲讽时政，或劝友去疵，不一而足。

明解缙性情不凡，语言泼辣，他写的嘲讽联也与众不同，如：

墙上芦苇　头重脚轻根底浅

山间竹笋　嘴尖皮厚腹中空

此联借物喻人，生动地讽刺了那些不学无术、肚内空空的人。毛泽东在《改造我们的学习》一文中引用此联讽刺革命队伍中那些不实事求是、不讲科学、徒有虚名的人，可谓辛辣幽默，入木三分。

第二节 经典楹联集萃

一、经典智趣联

谐趣讽刺联

在中国的文字世界里，谐趣联和讽刺联占着相当重要的地位。谐趣联常为文人文字游戏中的一种，其内容取材无甚规范。谐趣联的出现，每每和中国文人的日常生活有关。中国古时每当文人相会必把酒谈笑，吟诗作对，因此无数意味深远、引人发噱（xué）的谐趣对联便应运而生，传诵千古。在楹联的百花园中，嬉笑怒骂针砭（biān）时弊的讽刺联堪称一朵带刺的玫瑰。中国文人素来遇到不平之事就会以文字作为宣泄的途径，主要用于讽刺丑恶事物，揭露社会黑暗面，犀利泼辣，酣畅淋漓。

执法如山

爱民如子

【赏析】

有一个贪官，为表其清白，于大衙门口题出此对，挂联当日，众议纷纷。夜里，有人在其联下续上两行：爱民如子，金子银子皆吾子也；执法如山，钱山靠山其为山乎。

【赏析】

明解缙幼年时家里很穷，因家门正对富豪的竹林，除夕他在门上贴出此联作为春联。富豪见了，命人把竹子砍掉。解缙深解其意，于上下联各添一字，变成：门对千根竹短，家藏万卷书长。富豪更加恼火，下令把竹子连根挖掉。解缙暗中发笑，在上下联又各添一字：门对千根竹短无，家藏万卷书长有。富豪气得目瞪口呆。

　　清代学者阮元游平山堂，寺庙方丈将阮元当作一位普通游客，只说了一声："请。"又对下人说："茶。"随之交谈，觉其出语不凡，便改了口气："请坐。"吩咐下人："泡茶。"后来当他知道是大学士阮元时又换成了"请上座""泡好茶"。阮元临走时，方丈恳求墨宝，阮元即以方丈的言语出此联，对仗十分工整，且别开生面，活脱脱描绘了一个前倨（jù）后恭者的面目。

万里长江做澡盆

千年古树为衣架

【赏析】

　　明朝杨慎五六岁时在桂湖附近一个池塘里游泳，县令路过，他居然不起来回避。县令命人把他的衣服挂在一棵古树上，并告诉杨慎："本县令出副对子，如果你能对得出，就饶你不敬之罪。"县令刚说完此上联，杨慎即对出下联，县令叹服，赞杨慎为神童。

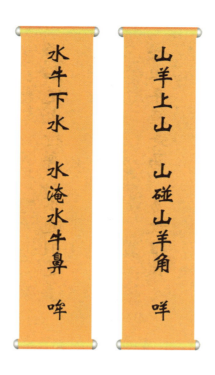

山羊上山　山碰山羊角　咩

水牛下水　水淹水牛鼻　哞

【赏析】

　　此联为民间流传的一副拟声联，对仗工整，把山羊和水牛的形态、叫声绘声绘色地表现了出来，颇为生动有趣。

励志题赠联

　　历代文人雅士在相互交往中题诗赠联，或言志趣，或勉上进，或倡勤廉，对后人颇有励志作用。古往今来，很多名人撰写了内容各异的励志联，所表达的都是积极进取的思想感情。好的励志联语，读来如饮甘露，不仅可以成为人生的座右铭，而且还能增加生活的动力，指引生活的方向，是难得的精神营养品。

心似平原走马　易放难收

学如逆水行舟　不进则退

【赏析】

　　该联以"逆水行舟""平原走马"两件具体的事例，来比喻"学"和"心"这两种难以捉摸的事物，使学习之艰难与心之易放纵变抽象为具体，变模糊为清晰，比喻贴切，富于哲理。

最无益　只怕一日曝十日寒

贵有恒　何必三更起五更眠

毛泽东在湖南第一师范求学时改写学者胡居仁原联的一副楹联，旨在勉励自己在学业方面持之以恒，并对忽冷忽热的学习态度和方法提出批评，这是对待学习的科学态度和方法。

【赏析】

此联为明东林党领袖顾宪成所撰。顾在无锡创办东林书院，讲学之余，往往评议朝政。后来人们用以提倡"读书不忘救国"，至今仍有积极意义。上联将读书声和风雨声融为一体，既有诗意，又有深意，下联有齐家治国平天下的雄心壮志。风对雨，家对国，耳对心，极其工整，特别是连用叠字，如闻书声琅琅。

 山水园林联

　　我国是文明古国，名胜古迹众多。历代的文人墨客都有游览的兴趣，每到一处或对景抒情，或托物言志，留下了大量的题联，为景观增色，使游人叹赏。

峰从何处飞来

泉自几时冷起

【赏析】

　　此联为董其昌题杭州西湖飞来峰冷泉亭联，以西湖景物落笔，全盘提出疑问。这种方式常给人以朦胧神秘的色彩，把答案留给读者，使人们产生无尽的悬念。

智海添彩云　霞映叶红满山香

香山满红叶　映霞云彩添海智

【赏析】

此联描写北京秋天的香山红叶和它附近的智慧海。回文往返咏读，顿觉秋意更浓，令人神往流连。

谜语联

有一种对联，把谜面化入对联之中，在字面上造成一种意境，让读者去猜想，像猜谜一样悟出其真意来，这样的对联叫作谜语联。它熔谜语、楹联的艺术特色于一炉，既有引人入胜的猜谜妙趣，又有隽（juàn）永精练的楹联风味，虽实用性减弱了，但其娱乐性、趣味性却增强了，所以一些好的谜联也备受世人喜爱。

三光日月星

五脏脾肺肾

（谜底：俗语没心肝）

新月一钩云脚下

残花两瓣马蹄前

（谜底：熊）

你共人女边着子

怎知我门里添心

（谜底：上联 好，下联 闷）

（谜底：上联 国，下联 怠）

 二、内涵丰富的节庆联

传统节日的形成是一个民族或国家历史文化长期积淀凝聚的过程。中国传统节日多种多样，是中国悠久历史文化的一个重要组成部分。你知道这些传统节日各自的应节楹联吗？

 春节对联

辞旧岁岁岁有余　迎新年年年添福

万众欢腾歌盛世　百花竞放贺新春

元宵节对联

雪月梅柳开春景　花灯龙鼓闹元宵

大地光明不夜天

万家灯火同秋月

灯花礼花　火树银花

远景近景　良宵美景

端午节对联

夏晨岸柳鸟能言

端午池莲花解语

包粽子 举国欢宴聚亲友

赛龙舟 把酒吟诗慰圣贤

石榴映红日 千门喜庆

鼓乐催龙舟 万水欢歌

 重阳节对联

秋老还添不老春

年高喜赏登高节

登高佳节倍思亲

话旧他乡曾作客

月到中秋分外明
人逢喜事尤其乐

花香千里到门庭
月满一轮辉宇宙

三、十二生肖楹联

　　生肖联独具特色，或以属相入联，或以天干地支入联，民族特色浓郁，艺术形式鲜活，为老百姓所喜闻乐见。

生生不息

鼠牛虎兔龙蛇马羊猴鸡狗猪

子丑寅卯辰巳午未申酉戌亥

【赏析】

　　浙江省旅游胜地莫干山，开辟了一个十二生肖公园。园中陈列有十二生肖的石雕。进口处是一座石牌坊，左右立柱上刻着这副对联。此联以十二地支对十二属相，配以画龙点睛的横批"生生不息"，自然贴切，不露斧痕，既为公园点明主题，又给人以查对生平属相提供便利，真是一副奇特的对联，可谓俗中见雅，匠心独具，为游客所津津乐道。

鼠年鹊语香

子夜松涛劲

十二生肖鼠占头

一日时辰子为首

鼠年吉语化春联

子夜钟声燃爆竹

雨顺风调鼠岁丰

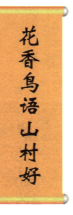

花香鸟语山村好

 牛年春联

牛奋四蹄万顷黄

人勤一世千川绿

人逢喜庆气昂扬

牛主乾坤春浩荡

白头能做识途马
俯首甘为孺子牛

喜鹊登梅　百族迎佳节
金牛献瑞　万里笑春风

虎跃龙腾日月新

山明水秀风光丽

春风浩荡展宏图

虎步奔腾开胜景

丑牛接寅虎　虎虎生威

瑞雪兆丰年　年年大吉

兔岁报新春

卯门生喜气

兔跃青山万物生辉

春回大地百花吐艳

迎玉兔　宏图再展万年青

送金虎　硕果丰收千里艳

五湖四海任龙腾

万水千山凭虎跃

五星焕彩 引玉龙腾飞

四柱擎天 看神州巨变

华夏腾飞　时势造就新业绩

巨龙昂首　英雄独领好风骚

龙游东海　马放南山　龙马精神传万代

虎啸西冈　牛耕北国　虎牛威力震千秋

紫燕报春时

金蛇狂舞日

风和日丽桃李争春

海晏河清龟蛇献寿

蛇来灵气生　岁月常新

龙去雄风在　江山不老

银蛇舞 江城美 千帆竞发辞旧岁

黄鹤飞 楚地阔 万物峥嵘迎新春

马年春联

大道扬鞭驰骏马

高天阔地展雄才

路远轻风任马驰　天高碧宇随鹏举

群策群力　快马加鞭　同心同德　宏图再展

羊年春联

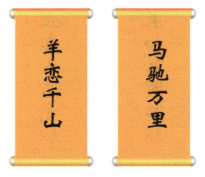

羊恋千山　马驰万里

万事亨通年

三羊开泰日

羊存跪乳恩

马有知途德

羊鸣世纪春光

马啸英雄浩气

求知莫畏羊肠

立志当怀虎胆

鸟语迎春

猴桃献寿

羊猴换岁四海花香

梅柳渡江九州春暖

龙骧虎步　四海涌春潮

羊去猴来　九州留瑞气

世人歌盛世　家兴万富民康宁

猴年赞金猴　棒奋千钧除腐败

鸡年春联

鸡鸣万户开

春唤千山醒

跃马扬鞭正此时

闻鸡起舞从今日

金鸡报晓　人寿年丰

玉宇澄清　花香鸟语

鸡鸣大地　治国倾心

鹰击长空　兴邦有志

 狗年春联

莺歌燕舞日瞳瞳

犬吠鸡鸣春灿灿

五湖秀丽柳浪闻莺

四海升平花荫卧犬

今年犬守夜　国泰民安

去岁鸡司晨　风调雨顺

170

猪年春联

梅占百花魁

猪为六畜首

鱼满池塘猪满栏

人增福寿年增岁

国泰民安亥岁欢

衣丰食足戌年乐

四、中国各地奇联妙对

　　我国楹联文化历史悠久、博大精深，在楹联的创作中，还有一种以各地特点为内容的奇联妙对。才子文豪妙笔生花，联句语言美妙神奇。

内蒙古上联：碧草毡房春风马背牛羊壮
黑龙江下联：苍松雪岭沃野龙江豆谷香

西藏上联：雪域春秋扎西德勒
新疆下联：天山南北乌鲁木齐

宁夏上联：红黄蓝白黑五珍献瑞
陕西下联：字史酒医诗诸圣流芳

浙江上联：饮龙井茶品江南丝竹
江苏下联：登虎丘塔论天下园林

河北上联：万里长城山海关龙头为首
河南下联：独门绝技少林寺天下无双

湖南上联：八百里洞庭凭岳阳楼壮阔
湖北下联：两千年赤壁览黄鹤楼风流

云南上联：石林自有高材生群峰拔地
海南下联：琼海独具大手笔五指擎天

香港上联：荆花吐艳香江瑞
澳门下联：莲蕊临风镜海清

福建上联：品铁观音香飘两岸
台湾下联：拜妈祖庙情系一家

青海上联：水泽源流江河湖海
甘肃下联：金银铜铁铬镍铅锌

吉林上联：车轮飞转东西南北追风去
辽宁下联：钢水奔腾春夏秋冬入眼来

山东上联：孔子仁关公义 人文典范
山西下联：泰山日壶口烟 天地奇观